RECNA叢書4
ISSN 2432-082X

核兵器禁止条約の時代

核抑止論をのりこえる

山口 響 監修
Hibiki Yamaguchi

法律文化社

はしがき

　核兵器をめぐって2つのトレンドがせめぎ合っている。

　ひとつは、2017年7月に成立した核兵器禁止条約に代表されるような、核兵器を絶対悪とみなし、これを規制していこうという動きである。本書の題名を、思い切って『核兵器禁止条約の時代』としたのも、これがひとつの時代的潮流を成しつつあるとの私たちの基本認識がベースにある。

　いまひとつの流れは、核戦力を強化し、その使用のハードルを下げようとの動きだ。米国のトランプ大統領は核兵器使用に対して以前の大統領よりも躊躇が少ないと見える。ロシアには中距離核戦力配備の疑いがかけられ、トランプ政権はINF（中距離核戦力）全廃条約からの離脱を表明した。トランプの「核態勢の見直し」（NPR）は、ロシア・中国に対する敵愾心をあらわにして、核兵器使用のありうるシナリオを拡大し、新型核兵器開発への意欲を公然と示している。

　2017年までの状況に関して言えば、これらに加えて、北朝鮮の核・ミサイル開発をめぐる米朝の激しい応酬があった。しかし、この不毛な対立は2018年に入って一転し、米国と南北朝鮮を立て役者とする和解の舞台が開けつつある。

　本書は、長崎大学核兵器廃絶研究センター（RECNA）が編集し、歴史あるテイラー＆フランシス社によって出版されている英字学術誌 Journal for Peace and Nuclear Disarmament（J-PAND、『平和と核軍縮』誌）から、この2つの時流に関する論文を精選して和訳し、1冊の本にまとめたものである。第一のトレンドがⅠ部に、第二のトレンドがⅡ部・Ⅲ部に、それぞれ照応する。

　旧長崎医科大学時代に原爆の惨禍を被った長崎大学の肝煎りで2017年12月に創刊されたばかりのJ-PANDは、オンライン版のみのオープンアクセス・ジャーナルである。すなわち、パソコンやインターネット環境さえあれば、世界の誰でも無料で論文を読むことができる。

　さらにJ-PANDの論文は、クリエイティブ・コモンズのライセンスに従って、第三者が自由に再配布したり翻案したりすることを著者があらかじめ許諾

している。本書も、この特長をフルに生かした翻訳集といえる。ただし、原著論文の著者と訳者が同一の場合は、著者＝訳者が原論文に加筆修正していることをお断りしておく。

　以上は本書の成り立ちに関する特徴だが、中身に関して言えば、核兵器に関わる大物が本書には多く登場していることを特記しておきたい。

　いちいち挙げていけば切りがないので、巻頭インタビューの語り手であるジョン・ウォルフスタール氏についてだけ触れておく。同氏は、米オバマ政権時に核問題の大統領特別補佐官を務めた人物である。本書のインタビューでは、辞任後わずか1年あまりしか経っていないにも関わらず、米核政策の内幕を赤裸々に語ってくれており、読み物として興味深いだけではなく、史料的価値もあると自負している。

　中でも、核兵器廃絶を願う私たちが考えなければならないことは、米政府関係者の中では核軍縮に関してもっとも良心的立場にあったとみられるウォルフスタール氏ですら、核兵器禁止条約に対してはかなり辛い評点を与えている事実である。

　同条約は、たしかに核時代にひとつの画期をもたらしたものではあるが、核軍縮に与えるプラスの効果がいまだ証明されているわけではない。だとするならば、本書の主題名にある「核兵器禁止条約の時代」が副題にあるように「核抑止論をのりこえる」かどうかは、これからの課題だということになる。

　J-PANDとしては今後、これまでの論考による分析を基礎として、核兵器禁止条約の発効後を見据えた論文を積極的に掲載していきたいと考えている。J-PANDの今後の展開を実りあるものにし、核軍縮への貢献を成すためにも、本書に対する読者諸氏のご意見・ご批判を乞う。

　最後に、本書の作成に関わったすべての著者、インタビュアー、訳者、編集者などに感謝を申し上げる。本書に誤りがあった場合は、すべて監修者の責任である。

2019年2月4日

監修者　山口　響

目　次

はしがき
凡　例

【巻頭インタビュー】　オバマ政権核政策の内幕を語る
　　　　　　　　　　………………… ジョン・ウォルフスタール　1

 1　オバマ大統領の広島訪問　1
 2　核兵器の先制不使用　7
 3　日米同盟の管理　11
 4　核兵器禁止条約　20

Ⅰ　核兵器禁止条約と核軍縮

1　核兵器禁止条約をめぐる日本の誤った選択
　　　　　　　　　　………………… ラメシュ・タクール　31

 1　状況：5つの逆説　33
 2　歴　　史　35
 3　地　　理　37
 4　合 法 性　41
 5　道 徳 性　45
 6　人 道 性　48
 7　行動への現実的な指針　50

2 核兵器のない世界に向けて ……………… 黒澤　満　60
　　── Stigmatization と Delegitimization

　　1　はじめに　60
　　2　核兵器の stigmatization　62
　　3　核兵器の delegitimization　67
　　4　核兵器のない世界に向けての２つのアプローチ　77
　　5　結　論　81

3 核兵器禁止条約はこうして実現した
　　──国境を超える市民社会の力
　　　　　　　　　………………………… ベアトリス・フィン　83

　　1　ICAN のキャンペーン戦略　85
　　2　各国政府の姿勢　89
　　3　「軍縮の民主化」　92
　　4　今後の活動について　96

4 国連事務次長が語る核軍縮 ……………… 中満　泉　102

　　1　核兵器禁止条約の成立　102
　　2　核兵器禁止条約の性格　106
　　3　ジュネーブ軍縮会議とアウトソーシング　108
　　4　北朝鮮問題と核兵器禁止条約　110
　　5　SDGs と軍縮　111

Ⅱ 核先制不使用と核抑止

5 核先制不使用と信頼性のある抑止力
……… スティーブ・フェター／ジョン・ウォルフスタール　117

1. 核兵器への過剰な依存　117
2. 冷戦の起源　121
3. 冷戦の終わり　122
4. 先制不使用と「唯一の目的」、拡大抑止、そして「核の傘」　124
5. 先制不使用と日本　126
6. 先制使用のシナリオ　127
7. 約束の罠　129
8. 通常兵器による戦争のための通常兵器の準備　130

6 核先制不使用……………………………………阿部　信泰　132
——日本国内の賛否両論を克服する道

1. はじめに　132
2. 北朝鮮の核兵器開発　133
3. 核不拡散・核軍縮国際委員会（ICNND）　136
4. 米国の2010年「核態勢の見直し」　140
5. 2018年のNPR　144
6. 進歩的立場からする議論：広島ラウンドテーブルとAPLN（アジア太平洋核不拡散・核軍縮指導者ネットワーク）における議論　144
7. 核先制不使用政策をめぐる賛否両論間の大きな溝を埋める方法　147
8. 結論　149

7 トランプ政権の核戦略 ………… セイオム・ブラウン　151

- 1　はじめに　151
- 2　核依存の時代　152
- 3　相互確証破壊（MAD）の時代　154
- 4　相互確証破壊を回避するための戦略的治療　156
- 5　オバマ大統領の政策転換　160
- 6　2018年の「核態勢の見直し」　164

III　北朝鮮の非核化

8　米朝会談と北東アジアの安全保障
………………… レオン・V・シーガル　173

- 1　衝動的な行動ではない　174
- 2　地域安全保障への示唆　177
- 3　継続された北朝鮮の核武装　178
- 4　同盟か安全保障パートナーシップか　179

9　米中対立が朝鮮半島に与える影響 ……… 李　成賢　183

- 1　「Gゼロ」世界へ　185
- 2　トランプと習の短い友愛関係　187
- 3　対立が時代精神となるとき　188
- 4　米国の孤立主義の歴史：米国のリーダーシップ低下の「原因」ではなく「結果」としてのトランプ　189
- 5　中国の夢　191
- 6　米中対立と北東アジアの安全保障環境の展望　193

7　米中対立における北朝鮮の将来　194

補　論　「業の兵器」を「業の条約」でなくす
　　　　　　　　　　　　　　…………………… 吉田　文彦　196
　　1　核という悪因がもたらす悪果・苦果　196
　　2　非核という善因がもたらす善果・楽果　199
　　3　核兵器禁止条約という「業の条約」　201

著者等紹介
(いずれも50音順)

<著者一覧>

阿部　信泰 (あべ　のぶやす)	元国連事務次長(軍縮担当) 元原子力委員会委員	6
李　成賢 (い　そんひょん)	韓国世宗研究所統一戦略研究室長	9
ジョン・ウォルフスタール	シンクタンク「グローバルゼロ」核危機グループ座長 米オバマ政権で核政策担当大統領特別補佐官	巻頭、5
黒澤　満 (くろさわ　みつる)	大阪女学院大学教授、大阪大学名誉教授 日本軍縮学会創設時の会長	2
レオン・V・シーガル	米「社会科学研究評議会」北東アジア協調的安全保障プロジェクト座長	8
ラメシュ・タクール	オーストラリア国立大学教授 元国連事務次長、元国連大学副学長	1
中満　泉 (なかみつ　いずみ)	国連事務次長(軍縮担当上級代表)	4
ベアトリス・フィン	核兵器廃絶国際キャンペーン(ICAN)事務局長	3
スティーブ・フェター	米メリーランド大学教授 米オバマ政権で米科学技術政策局国際安全保障部門長	5
セイオム・ブラウン	米ブランダイス大学名誉教授 ランド研究所などで研究員を歴任	7
吉田　文彦 (よしだ　ふみひこ)	Journal for Peace and Nuclear Disarmament (J-PAND)編集長 長崎大学核兵器廃絶研究センター(RECNA)副センター長 元朝日新聞論説副主幹	4、補論

著者等紹介

＜インタビュアー＞

黒川　朋子（くろかわ　ともこ）	TBS カーネギー国際平和財団在外研究員	巻頭
目加田説子（めかた　もとこ）	中央大学教授 地雷廃絶日本キャンペーン（JCBL）の共同創設者	3
吉田　文彦（よしだ　ふみひこ）	著者一覧と同様	4

＜訳　者＞

榎本　浩司（えのもと　こうじ）	一橋大学大学院法学研究科博士課程	8
田井中雅人（たいなか　まさと）	朝日新聞・核と人類取材センター記者	5
永井雄一郎（ながい　ゆういちろう）	日本大学国際関係学部国際総合政策学科助教	7
広瀬　訓（ひろせ　さとし）	長崎大学核兵器廃絶研究センター（RECNA）副センター長	1
山田　寿則（やまだ　としのり）	明治大学法学部兼任講師	9

＜監修者＞

| 山口　響（やまぐち　ひびき） | Journal for Peace and Nuclear Disarmament（J-PAND）編集長補佐
長崎大学核兵器廃絶研究センター（RECNA）客員研究員 | はしがき
巻頭 |

凡　例

- 本書は、「はしがき」と「補論」を除いて、すべて Journal for Peace and Nuclear Disarmament（J-PAND）の翻訳である。各章末にそれぞれの原著論考の URL を表示した。
- 訳注は［　］にて本文中に適宜挿入した。
- 内容の理解に関わる注（解説注）と参照文献に関わる注（文献注）を分けた。「解説注」は、文中で A、B、C…と通しアルファベットを振り、各章末に掲載した。「文献注」は、1、2、3…と通し番号を振っているが、スペースの都合上、本書には収録せず、以下の QR コードからアクセスし、参照できるようにした。
- 同じく、原著論考にある「参考文献」も本書からは割愛したが、同 QR コードからアクセスし、参照できる。
- なお、当該「注および文献」は QR コードからのアクセス以外に法律文化社ウェブサイトの以下の本書紹介覧にも掲載している。
　https://www.hou-bun.com/01main/ISBN978-4-589-03998-9/q-001.pdf

『核兵器禁止条約の時代』各論考の注および文献一覧

【巻頭インタビュー】

オバマ政権核政策の内幕を語る

ジョン・ウォルフスタール
インタビュアー　黒川　朋子

1　オバマ大統領の広島訪問

黒川：あなたは長年、核政策の専門家として活躍してこられましたが、2017年夏にシンポジウム出席のためについに広島を訪問なさいました。

ウォルフスタール：初めての広島訪問でしたが、なかなか重いものがありました。私はこれまでの人生、ずっと核問題に取り組んできたんです。広島訪問以前には、核兵器の開発や使用に関わる場所に何度も行ったことはありました。米戦略軍司令部や、［核兵器開発が行われてきた］ロスアラモス研究所、ローレンス・リバモア研究所などです。核問題に35年も取り組んできたのですが、ついに広島を訪ねることになりました。そこでものを考えないわけがありません。いったい自分はこれまで何をやってきたのか、という思いが頭の中をめぐるわけです。そこには実に重いものがありました。広島に着いた翌朝、［時差もあって早朝に］目覚めた私は平和公園に散歩しに行きました。その日、献花の式典が平和公園で予定されていたのですが、いきなりそこに出たくなかったのです。ひとりで朝、公園に行って、こっそり涙してから式典に臨んだので、少しは落ち着いていることができました。

黒川：平和公園の印象はいかがでしたか。

ウォルフスタール：とても美しく感じました。米国では、広島への原爆投下は

写真提供:核兵器廃絶長崎連絡協議会

いまだにかなりデリケートな問題です。広島・長崎に関連した博物館の展示やイベントがあるたびに、大きな論争が起きます。さまざまな発言や記録を読んでみると、非常に微妙な問題を含みながら議論されていることは明白です。

黒川:アメリカの人々にとって、いまだに微妙な問題だと?

ウォルフスタール:非常にデリケートな問題であることは明白です。米国人として、日本の友人として、核兵器を廃絶したいと望んできました。その一方で、[原爆投下にいたる]歴史も理解できるという立場でもあります。

私の中にどういう感情が出てくるのか、予測することは困難でした。ですから、何度も繰り返しているように、重いものがあった、という表現になるのです。[被爆地に来るということは]これまでのすべての思いこみや結論の再考を余儀なくさせるのです。そしてそれこそが私たちが広島を訪れた理由です。そうでしょう? ハーバード大学やスタンフォード大学でこの問題を考えるのは簡単ですよ。しかし、実際に核兵器が使われた場所でそれを考えるとなると、また話は別です。

黒川:2016年5月に平和公園を訪問したオバマ大統領のことを思い出しましたか。

ウォルフスタール:ええ。広島に来る前に、オバマ大統領の広島演説のビデオを見ておいたのです。実際に平和公園に行くと、記念碑がありました。私の頭の中には、オバマ大統領がその前で立っていた時の映像が身近なできごとのように浮かび上がりました。私はまた、テレビで、広島平和公園での毎年の式典の様子を見てきました。そんな私の人生にとって、オバマ大統領の訪問は画期的なことでした。

オバマ大統領には広島との強い結びつきがあることを理解していますが、私

【巻頭インタビュー】 オバマ政権核政策の内幕を語る

にとってはそれ以上のものがあります。もっとも印象的だったのは、「原爆の子の像」や展示ケースの千羽鶴、詩人の記念碑、それに平和公園を訪れる子どもたちの姿です。明らかに、広島の人々は核兵器に関する教育に多くの時間を費やしています。私が［米国政府等で］一緒に仕事をしてきた人たちは、こうした知識が失われてしまわないように懸命に努力しています。それ［広島で記憶をとどめようとする努力が続けられていること］が、私を平和公園にさらに強く結びつけてくれました。

黒川：オバマ大統領の訪問は日本の人々にとってきわめて印象的なものでした。逆にアメリカの人々は、これについて神経質になったり、警戒感をもって見ていたりはしないのでしょうか。

ウォルフスタール：神経質になっている人が政府内にいるのは確かですね。しかしほとんどのアメリカ人はオバマ大統領の訪広自体を知らないと思います。アメリカでは日本ほど報道されていませんから。アメリカ政治はきわめて困難な状況にあったので、オバマ大統領は何でも批判されてしまう状況にありました。もし彼が薄い色の服を着ていれば、「なんであいつは薄い色の服を着ているんだ？」、もし彼がボーイスカウトを訪問して「学校でも一生懸命頑張ってください」と言えば、「これまで『頑張ってない』ってことなのか、なんであいつはそう言えるんだ？」といった具合です。多くの人々にとっては、オバマ大統領の言動を受け入れるのはそれほど難しいことです。

しかし、大統領が、広島で起こったことについて謝罪しなかったものの、広島の持つ意味について語ることにしたのは、彼自身にとってだけではなく、米国と日本にとって、そしてもちろん、日本と韓国にとって、日本と中国にとっても、広島訪問をより容易にしたと思います。率直に言えば、今の人々の［大統領の訪広に対する］受け止めは、「なんだ、我々はいったい何を心配していたんだ」だと思います。それほどに、広島訪問は広く受け入れられたのです。ただ、日本とは違って、アメリカの中ではそれほど議論されている問題ではありませんでした。

安倍首相の真珠湾訪問についてもそうだと思います。わずか半日の訪問でした。たしかに、ハワイやカリフォルニアでは新聞の１面を飾ったかもしれませ

んが、アメリカの他の地域では、ニューヨークですら大きく取り上げられなかったと思います。それはまた、米国人が世界の出来事にあまり関心を持っていないからでもあるのです。彼らの関心の範囲はきわめて狭く、このような我々の歴史における大きな出来事ですら、アメリカの大衆にはピンとこないのです。

黒川：オバマ大統領が広島訪問すべきか、そこでどんな演説をすべきかということについて、政府内でどのような議論がありましたか。

ウォルフスタール：私は、官僚として、何とかオバマ大統領の広島訪問を実現したいと考えていました。私の任務は、大統領に核兵器を大幅削減させ、核兵器の役割を低減し、プラハ演説の線に沿って前進させることでした。そうした政策を追求するために、私は政権に招き入れられたのです。官僚的にいえば、何かをやろうとしたら、締め切りを設定するのがよいやり方です。首脳会談とか、大きなスピーチとか。私が2014年12月に国家安全保障会議の軍備管理・不拡散担当のオバマ大統領特別補佐官に任命されたとき、最初に思ったことは、どうやったらプラハ演説の内容を推進する提案を国務省や国防総省、エネルギー省から大統領に出させることができるだろうかという点でした。広島訪問というアイディアは、その中で重要なものでした。おそらく2015年2月か3月だったと思いますが、大統領に最初の政策メモを書いたとき、「大統領は被爆地を訪問すべきだ、［核軍縮を促すための］大きなイベントが必要であり、候補のひとつが広島・長崎の訪問だ」と提案しました。8月とは提案しませんでしたが、何らかの記念日に大きなスピーチを、という考えはありました。

　政権内で大きな議論が巻き起こりました。大統領が広島を訪問し、核軍備管理に関して、核兵器の保有者である米国大統領として演説をすることは、問題が微妙であり、きわめて難しいとの結論に達しました。核戦略の詳細について語ることは広島の重要性に比べれば下であり、核廃絶に向けての道筋や目標を語る方がよいだろう、ということになりました。もうひとつ指摘しておくべきなのは、政府内の担当部局間の考え方の違いです。核不拡散でも、人権でも、環境でも、特定の問題領域を扱う専門家として政府部内にいる人々は、それぞれ重要な仕事をしています。しかし、アジアや西半球といった地域安全保障の

担当者よりも重要視されているわけではないのです。これは米政府でも日本政府でもそうだと思います。

　私は大統領に広島に行ってほしいと思っていましたし、ダン・クリテンブリンクやクリス・ジョンソンといった政府内の東アジア専門家も、それは良い考えだと言ってくれていました。しかし彼らは、広島訪問を和解のメッセージとして利用する方がずっと有意義だとの考えでした。当時私たちにとって従軍慰安婦問題［等の歴史問題］の行方が気がかりでした。中国に対して、日本や韓国に対して、あまり気勢を上げずに建設的に対処するよう要請しているところでした。南シナ海の問題もありました。広島訪問は和解のシンボルであり、そのメッセージは、過去を振り返ったり核兵器に関して何かの行動を約束したりするものではなく、地域安全保障により集中したものでした。そうした形にすることで、オバマ大統領も広島訪問を決断しました。

　同時に私たちは、大統領は他の方法を通じて核問題に対処できるという点でも一致していました。核軍縮に関する政策的な演説を広島でする必要はなく、別の場で決定を行うことになろうという点でも一致していました。そこで、［理念と政策という］２つの問題を分けることにしたのです。

　ですから、広島でのオバマ演説はいいスピーチでした。私は非常に感動しましたよ。しかし、プラハ演説に比べると、きわめて理想主義的なものになりました。現実の政策問題を扱ったものではなく、理念を扱ったものでしたから。

黒川：詳細や行動計画はない、と。

ウォルフスタール：２つの点においてそういえます。ひとつには、プラハ演説をした2009年４月の段階では大統領はまだ就任３カ月でした。彼は非常に意欲に満ちていたのです。「これをやろう」「政策を提示しよう」「［米国は］これをやりたかったはずだ」といった感じです。政権の始まりの時期には、青写真が必要なものです。これから何に取り組もうとしているのか？　どうやってこの問題解決を達成しようとしているのか？　私はプラハ演説の起草にも関わっていました。選挙公約の中から大統領の課題になるものを抜き出し、演説の中に盛り込むことができたのです。それで関係者の賛成を得ることができました。なぜなら、議論の余地がないからです。ゲーツ国防長官だって「大統領が本当

にそう考えているかわからないぞ」などとは言えません。「いや、[選挙中の]このスピーチでこう言っていますよ。ほら、ここですよ」という感じです。

　2016年の時は、大統領の任期終了が近づき、新しいことをやる時間はほとんどありませんでした。ですから、すでにやってきたことを語るか、よりテーマに即して考えるしかありません。広島演説はプラハ演説よりインパクトには欠けたかもしれませんが、もっとインスピレーションに満ちていたのではないでしょうか。それこそが主たる目的だったのです。そしてもちろん、政治的に神経を使わないといけない問題でもありました。もし大統領が広島で「核兵器を500発削減します」とでもいったなら、米国内では「ほらみろ、オバマは罪悪感を持ってるんだ。これは謝罪に違いない。罪滅ぼしをしているんだ」という反応になったでしょう。これは、我々の政治システムでは大きなリスクです。そんなことになれば、重大な問題を抱え込んだでしょう。

　政権終了間近の2017年1月11日、バイデン副大統領はこういう演説をしました。「我々の核兵器以外の能力と今日の脅威の性格からすれば、米国による核兵器の先制使用が必要となる、あるいは意味を持つような現実的なシナリオを想定することは困難だ。オバマ大統領と私は、我々やその同盟国に対する核兵器以外の脅威に対して、その他の方法を通じて抑止し防衛することは可能だということに自信を持っている」。バイデン副大統領とオバマ大統領は、米国は先制不使用政策を安全に採用できると考えていました。彼らの任期8年間で、核兵器の使用を検討するような状況は一度たりともありませんでした。必要がなかったのです。

　ですから、この種の発表が広島でできるかどうか検討を進めたのですが、その時は十分に考えを詰めることができませんでした。支持が得られなかったんです。率直に言えば、国防総省からはまだかなり強い反対がありました。日本や韓国との二国間関係への影響への恐れからですね。ですから、詳細を詰め切れませんでした。でも、スピーチはいいものだったと思っています。

黒川：大統領の広島訪問を検討していた際、安倍首相の真珠湾訪問というプランはすでにあったのでしょうか。

ウォルフスタール：そういう議論があるのは聞いていましたが、私は日本との

【巻頭インタビュー】　オバマ政権核政策の内幕を語る

交渉には関わっていません。ちょうどG20の時期でしたから、それ以外のことを話題にするのは難しかったのです。安倍晋三首相はそれ（真珠湾訪問の可能性）についての議論に前向きだが、タイミングについて議論することはできないと聞いていました。日本側は、真珠湾訪問が意味するところについては懸念を持っていませんでした。しかし日本は、「オバマが広島に来るなら私はパールハーバーに行く」という形での見返り条件とみられないかどうか、心配していました。

黒川：政治的・外交的取り引きであってはならなかった。

ウォルフスタール：その通りです。取り引きではないし、つながりもない。それぞれが独立したものでなければならない。だから、大統領は［広島訪問は真珠湾の件とは切り離して］「私は広島に行きたい」と決断しなくてはならなかったのです。

黒川：1941年の真珠湾攻撃にもかかわらず、日米はよい同盟関係にあります。真珠湾訪問は、この二国間同盟の強さと力を強調したい安倍首相にとってまたとない機会となったわけです。

ウォルフスタール：そうですね。軍事的対立の過去があったからと言って、互いによき友人になれないわけではない、ということです。

2　核兵器の先制不使用

黒川：オバマ大統領は2016年に核兵器の先制不使用方針を採り、宣言したかったと言われていますね。

ウォルフスタール：やや大げさに言われているきらいはあるかと思います。私たちは、プラハ演説で打ち出した考えを前進させ、核兵器の役割をさらに低減できるようないくつかのオプション（選択肢）を大統領に提示しました。言うまでもなく、「これをやれ」とか「これをやるな」ということではなく、いくつかのオプションを提示して、「［核に関する］宣言政策を変えることできる。戦力構成を変えることができる。作戦行動を変えることができる。核兵器近代化に変化をもたらすことができる。多くの手段がある」というオプションを示したわけです。

黒川：核ミサイルを常時発射できる警戒態勢の解除もその中に含まれていましたか？

ウォルフスタール：基本的にはプラハ演説の内容をどう前に進めるかという話でした。「核兵器の役割を減らすために何ができるか？　核兵器の数を減らすために何ができるか？」を議論したのです。「これを実現できるこういう方法がある」ということで、オプションを提示していくわけです。警戒態勢の解除も検討しました。先制不使用も検討しました。他の宣言政策の変更も検討しました。ですから、先制不使用の問題だけではなかったんです。「核態勢の見直し」（NPR）では、「唯一の目的」政策についても議論しました。「唯一の目的」を採用したうえで、［先制不使用について］もう少しあいまいにしておくこともできたでしょう。私たちがそれらを大統領に提示すると、「いいだろう、これとこれとこれについて議論しよう。でも、これはどうも……」といったやりとりでした。

黒川：いつそういう議論に？

ウォルフスタール：オバマ大統領の特別補佐官になるために政府に戻った直後です。おそらくは2015年。プラハ演説後、大統領は、医療政策など他の重要問題に取り組まざるをえませんでした。彼が核問題に戻ったのは2012年のことで、その時は「核運用指針見直し」が行われていました。そこで大統領は多くの時間をそれに費やしたわけです。それを受けて、2013年６月にベルリンで、「合意できればロシアとの間で核兵器を削減しよう」と発表したわけです。ところがその後、ウクライナ危機などの問題が起きます。そして2015年、ふたたび核問題に戻ってきたのです。私たちはいくつかのオプションを提示しました。オバマ大統領は「いいだろう、これとこれとこれとこれを議論しよう。これはだめ、これはだめ、これはだめだ」などと決めました。そうして私たちは、次官クラスに対する議論用ペーパーを出し、その議論を経て、次に長官（大臣）クラス、最終的に大統領へと上っていくわけです。

黒川：大統領に政策ペーパーを提出するまでのプロセスについて説明してもらえますか。

ウォルフスタール：いいでしょう。政権内には標準的な手続きというものがあ

ります。政策のアイディアはどこからでもやってくるものです。私はとりわけ、スーザン・ライス[H]や、アブリル・ヘインズ国家安全保障問題担当副補佐官[I]から、プラハ演説での公約を実現するのに役立つアイディアを出すよう求められていました。

そこで、国務省や国防総省、軍の統合参謀本部、エネルギー省、情報部門の担当官を集めてアイディアを募る省庁間会議を開催したのです。それから、ホワイトハウスのスタッフと協議したり外部専門家と会合を行ったりして、自らのアイディアを練り上げていきました。ウィリアム・ペリー[J]やディック・ガーウィン[K]、その他の官僚や専門家にも会いました。それを、国家安全保障会議のプロセスでは「オプション・ペーパー」と呼ばれているものにまとめ上げていくのです。そしてそこに……いくつだったかは忘れましたが、10以上のアイディアはあったでしょう。きわめて小さな提案も非常に大きな提案もありました。ただ、それをそのまま大統領に渡すことはしません。まず、副次官クラスがそれを検討できるようにします。「それはいいアイディアだと思う」だとか、「よくない考えだと思う」だとか、コメントをもらうのです。

その後に閣僚会議と国家安全保障会議の会合を開きます。ですから、単なる一個人の決定ではありません。政府全体の問題意識が反映されています。誰も支持しないアイディアもありました。ホワイトハウスだけが支持してどの省庁も支持しないアイディアもありました。あるひとつの省庁だけが支持して他が支持しないものもありました。決定プロセスはいわば大きなテントのような形になるように決まっているのです。誰もそのアイディアを支持しなければ、大統領までは持っていけません。あらゆる人から拒絶されたり、あるいは、低いレベルの合意しか得られなかったりした場合には、「大統領まで持っていく必要はないな」と言うことになるのです。しかし、核問題はプラハで提示された大統領自身の課題でしたから、大統領にまで届くプロセスにしようと私たちは決めていたのです。

黒川：そのオプション・ペーパーのひとつに、核の先制不使用も含まれていたと。

ウォルフスタール：そうです。国家安全保障会議は、先制不使用やその他の宣

言政策における変化に関してペーパーを書き、コメントを求めるために省庁に回覧しました。それがメディアにリークされたんですね。「大統領が先制不使用を検討している」という『ワシントン・ポスト』紙の記事です。先制不使用の採用に反対するという日本の首相官邸からの電話もありました。我々は「先制不使用を採用しようとしているのではない。オプションを検討しているのだ」と答えました。これをリークした人間は、反対論をつくり出そうとしたのでしょう。リークは大成功でした。

　でも、［リークがなかったとしても］大統領が先制不使用を採択したかどうかはわかりません。大統領は「これを実現したい。どうやったらいいか教えてくれ」などと言ったことはなかったからです。政権も終わりごろのある時点で私は上司のスーザン・ライスのところへ行き、「仮に大統領が今やってきて『これ（先制不使用）をやりたい』と言ってきても、どうやって実現したらいいのかわからない」と言いました。なぜなら、先制不使用を実現するためには、日本や韓国、北大西洋条約機構（NATO：North Atlantic Treaty Organization）とともになすべきことがあまりにも多く、ある時点でそれは不可能になっていたのです。要するに、先制不使用を採用するには、高官レベルで長い協議をして、抑止力を維持するための条件を［同盟国に対して］示さなければならなかったでしょう。そうして、2016年の夏の終わりまでには、先制不使用方針を採れないことが明らかになりました。

黒川：日本政府関係者もコンタクトを取ってきましたか？

ウォルフスタール：日本関係者も我々を訪ねてきました。北朝鮮問題にはほとんど触れることなく、ほぼ中国の問題でした。もしアメリカが先制不使用方針を採れば、日本に対する米国のコミットメントが弱まったと中国から受け取られて、日本の安全保障が損なわれる、と言うのです。我々の側からは、中国に対して米国が先に核兵器を使用すると脅しても信頼性がない、だから、先制使用をやめればかえって［核による］報復の信頼性は増すのだと主張したこともあるのですが、日本にとっては説得力がなかったようです。

黒川：なぜこのタイミングでこの問題が出てきたんでしょうか。大統領自身のイニシアチブですか？

ウォルフスタール：大統領からですね。先ほど言ったように、私は2014年末にふたたび政府に雇い入れられました。その理由は、とりわけ、プラハで打ち出した内容にもっと注目を集めたい、という点にありました。政府は、プラハ演説の単なる支持者ではなく、もっと前向きに実行できる人間を望んでいたのです。そうして、2015年にかけて、我々はいくつかのアイディアを検討し、事務レベルでの会合を行い、いくつか案も作りました。

　もし、もっと早くに合意や支持が得られていれば、もっと早く前進できたかもしれません。しかし、私が、おそらく2015年の3月か4月だったと思いますが、最初の政策メモを書いて大統領がそれを読んだとき、「いいだろう、このアイディアを追求してみよう」と言ったのです。しかし、先ほども言ったように、2016年までは閣僚がこの問題を大統領と検討することはありませんでした。

3　日米同盟の管理

黒川：次に日米同盟の管理についてお尋ねします。日米の二国間戦略対話についてどうお考えですか？

ウォルフスタール：拡大抑止対話（EDD：Extended Deterrence Dialogue）[1]においては、抑止と信頼性の問題を議論します。もっとも、EDDは、先制不使用を支持していない国防総省が運営しているものです。彼らは「さあ、我々がどうして先制不使用を支持しないのかを話し合おう」などとは言いません。ただ、「我々は先に核兵器を使用することもあるだろう。これが我々の使う予定の兵器だ。心配するな。大丈夫」というだけです。

　拡大抑止対話では、抑止に関する一般的・学術的・理念的な議論はしません。机上演習を行い、どのF-16戦闘機がB-21爆撃機やB-52爆撃機を護衛するかを説明して、相互運用性を示すのです。

黒川：きわめて作戦指向型ですね。

ウォルフスタール：その通りです。日本政府の人々は抑止についてよく理解してくれていると思います。しかし、日本側には、「いかなる威嚇の手段もオプションから外してはならない。それが信頼に足るかどうかは、二の次だ。威嚇

するのがアメリカであれば、それで事足りるのだ」という見方があります。

黒川：机上演習はどのように行われるのですか。

ウォルフスタール：机上演習と言ったとき、まるで映画のように模型を使いながら、というものではありません。私も昔はそういうものだと思っていたのですが。「机上」というのは、単純に机の周りに人間が集まっているという意味です。スクリーンもありません。ブリーフィングペーパーがあるだけです。しかし、これによって、[軍事同盟の] 仕組みが実際にどう動くかを政治指導者たちがみることができます。以前は、たんに日米安保条約の担当部局と議論して、「『日米同盟は強固だ、我々には核のシステムがある、我々はこれを含めて軍事演習することになろう』と声明を発表する」と言えば十分でした。今は、日本の自衛隊だけではなく政治家も含めて安心させるために、より詳細に入り込んだ机上演習になっています。太平洋軍の司令官、戦略軍司令官に各地域部隊の司令官が加わり、机上演習は実際に詳細まで詰めて考えるものになるのです。航空機はどの程度運用可能か？　飛行が可能になるまでの時間はどのくらいか？　その主任務は何か？　詳細なレベルまで見せるために日本の各部隊とどう調整を図っていけばいいのか？　日本の部隊と調整や統合を図るためにできることは何か？　わかりやすい例としては、日本の航空機が防衛任務のために飛行し、そこで余裕が生まれた米国の航空機が攻撃を行う、というものです。明らかに、日本の法律に従ってこれらは行われなくてはなりませんが、ブリーフィングを通じて行うのはこのレベルまで詳細に突っ込んだものなのです。

黒川：核兵器使用を真剣に検討しなくてはならないような条件やケースについて議論しますか。

ウォルフスタール：そこまで詳細に話すわけではありません。「もし中国がこの４隻の艦船を核兵器で破壊したら、我々はこの特定の標的に対して反撃しますよ」といったようなものではありません。一般的には、作戦活動を想定しながら、どうすればいいか考える。「もし核による反撃の必要が出てきたら、それは米国が下す決断です。おそらくは、我々の大統領がそちらの首相と協議し、我々の国防長官が協議すると言った形になるでしょう」といった具合です。

【巻頭インタビュー】　オバマ政権核政策の内幕を語る

　ある時点で、［核兵器の使用の］決断を下す段になれば、それは米国の決断になります。つまり、核兵器を使用するという決断がいったんなされれば、そこで協議は終わりです。何が適当な標的であり、ありうるシナリオはどんなものかについて議論はあるでしょう。しかし、実際の戦闘作戦の時のように詳細にまで入り込むことはありません。

黒川：日米安保条約のもとで、いわゆる事前協議制度が設けられています。第４条では、（イ）日米安保条約の実施に関して必要ある場合及び（ロ）我が国の安全又は極東の平和及び安全に対する脅威が生じた場合には、日米双方が随時協議する旨も定められています。そこで、核オプションについての日米協議についてお尋ねします。米国は、危機のさなかで、日本と協議することなく核兵器を使用することができるのでしょうか。

ウォルフスタール：米国は基地［がある土地を日本から］借りています。もし米国が日本の空域に入るときには、もちろん日本と協議します。どのような空路を使うのか、どういう条件で使うのかといったことを協議しなくてはいけません。もし米国が核兵器を、そうですね、たとえば中国や北朝鮮に対して使用することがあるならば、政治的にみれば、調整を図るのが望ましいでしょう。しかし、日本からの許可は必要ありません。米国は、米国の核兵器を、米国領土から、あるいは公海から、日本国内にはない標的に向かって使うからです。しかし、敵を通常兵器でもって抑止したり、攻撃したりする際には議論するという要素はあるでしょうね。もし核使用のレベルにまでいくという決定が下されるなら、それは米国の主権的な決定です。日本に事前に相談し協議することはありえますが、そうしなければならない法的義務があるわけではありません。

黒川：しかし、日本の官僚や専門家は、もし米国が核兵器を使用することを決断したら、日本が核報復の対象になってしまうかもしれないと懸念しています。

ウォルフスタール：協議ではよく出される点ですね。拡大抑止対話でも戦略対話でも、国防長官・防衛大臣会談でも出てきます。しかし、同盟国として、日本の人々は、朝鮮半島で戦争が起きるかもしれない、ということを理解しています。我々は通常兵器を使うかもしれないが、北朝鮮は米同盟国である日本に

対して核兵器を使用するかもしれません。それに関して話に出ますし、日本が核攻撃のターゲットになったら、アメリカはどう対応するんだという話は出ます。米国が自動的に核兵器を使うとは［アメリカは］言いません。なぜなら、そうした［対応をするという］決定を下したことがないからです。それ［核による反撃］は、適切かもしれないし、適切ではないかもしれません。

　日本の首相は核兵器での反撃を要求しないかもしれません。「核での反撃は望まない」というかもしれない。それは状況によるでしょう。我々はそのことを議論しますが、それを保証するとか、「もし、AやB、Cが起こったらどうする」といった類の詳細な計画を出すレベルのことではありません。北朝鮮が核兵器を1発使うことになったら、抑止力を回復するために核兵器でもって米国は反撃すべきと日本は考えているか、もし米国が核兵器なしで北朝鮮を打ち破れるとしたら、日本にとってその方が望ましいのか。そうした点についての、行きつ戻りつの対話なんです。この種の概念的な議論を続けています。しかし、EDDは、こういったことをどのように機能させるのかという手順の方により重きを置いています。誰が決定を下すのか、連絡体制における適切な連絡先はどこか、日本がアメリカに望むものは何か、といったことです。

黒川：かりに、核の第一撃が日本の領土を狙っているとしましょう。日米両国はこれにどう対応することになるでしょうか？　米国には報復能力がありますから、両国は対応策に関する協議をすぐにも開始するかもしれませんね。日米安全保障条約を基礎とした事前協議をするケースもありえるでしょうが、実際の対応は、その時の状況に強く依存するわけですよね。

ウォルフスタール：こういったシナリオに対処しようとしている場合、時間が限られた場合でないかぎり、米大統領は日本の首相がどのような対応を望んでいるのかを知りたいと思うでしょう。確証はありませんが、EDDでも、日本の期待がどのようなものであるのか、それが我々の軍事力にどの程度影響することになるのかについて、一般的な議論はあったと思います。

　しかし、アメリカから「もしこれが起こったら、核兵器で反撃してもらいたいか」という聞き方はしてこなかったと思います。そうしたシナリオにおいては、「協議はされるだろう」とはアメリカは言うと思います。それが最大限の

言い方だと思いますが、はっきりとはわかりません。

黒川：関連の質問です。もし在日米軍基地が北朝鮮の核兵器による第一撃を受けたとしたら、その対応は米国が決定するのか、それとも、米国は日本と協議したうえで対応するのでしょうか。

ウォルフスタール：どういう対応になるか想像もつきません。核兵器が在日米軍基地に使用されながら、日本側に死者が生じず、日本社会や経済に影響がないというシナリオはありえません。ですから、日米共同の決定にはなりませんが、やはり、大統領が対応を決定するにあたって日本の見解は重要な要因になるでしょう。そしてこれは、もちろんのこと、どの大統領かにもよります。

オバマ政権においては、もし日本が「どんな状況でも米国が核兵器を使用することを望まない」と述べたとしたら、それが決定的な要因になるとは言えませんが、主たる要因になるとは言えます。もし日本が「大統領は同盟の将来のために［核使用を］命令すべきだと要求する」と言ったら、それもまた主たる要因にはなるでしょう。それが中核を成すとは思いませんが、いずれの場合でも最も重要な要因にはなるでしょうね。

これは単なる個人的見解ですが、日本の政府関係者が米国に対して、米国が核兵器で何をすべきかを要請することは考えにくい。政治的にみれば、「まあ、それはちょっと」という感覚がありますから、日本の関係者は、核政策を公に調整しようとすることはないと思います。論争含みですからね。それに——これは無神経に言いたくはありませんが——日米はいまだに兄弟関係（big brother/little brother）のようなところがありますから。時代遅れだとは思うけれども、そうした心理はまだあります。

ですから、これまでのところ、大統領は「先制不使用を支持する」といったことはないし、どのように先制不使用を追求するかについての計画を持ったこともありません。ですが、もし［政策変更の］要請を受けたならば、まず我々がやることは、「わかった。まずは、日本や韓国、NATOと協議し、彼らの認識がどう変わるか理解しなくてはならない」と言うことでしょう。この難題は、いわゆる「ニワトリが先か、卵が先か」式のものです。もしアメリカが先制不使用を採用するかどうか決めておらず、ただ日本がそれをどう考えている

か知りたいだけだとしても、日本の意見を求めに行くことは難しいでしょう。なぜなら、そんなことをすれば、日本側は、アメリカが先制不使用を望んでいるのだと考えてしまうからです。もしアメリカが、先制不使用を採るかどうか決めていないのであれば、わざわざ協議を行う必要もないでしょう。大統領が先制不使用を望んでいればそうしますが、大統領自身が確信を持てていない段階で協議を開始することには問題があるのです。まさにそういったときにリークがなされ、実現が困難になってしまったのです。

黒川：仮定の質問です。もし日本政府が「先制不使用方針を認める」といったら、政策変化は起きたでしょうか。

ウォルフスタール：もっと活発な議論になったでしょうね。ペンタゴンは、軍人も文民も「同盟国が心配するから、これはできない」と言っていたわけですから。政府高官や閣議レベルで協議を行いました。大統領の目前でやったことはなかったと思いますが…いや、実際、一度は大統領の前でもやったかな。その際に国防総省は「同盟国が反対しますよ。［米国のコミットメントの］弱さの証拠だと彼らは考えるでしょう」と言い、他の人々は「いや、そんなことはない、同盟国とも話をしよう」と言いました。国務省や他の人は「彼らは軍縮を支持したいと思っている。彼らは核不拡散条約を支持したいと思っている。実際、あなた方が話しているのは、同盟国の防衛当局だ。我々は同盟国の軍縮当局とも話をしている」と言っていました。要するに、政府内もバラバラなんです。もし岸田さん（日本の岸田文雄元外相）が首相だったら、彼はどう行動するか、と仮定してみたら面白いでしょうね。そうでしょう？　そのとき、どんなダイナミズムが生まれるか。

　これは部分的には個人的見解であり、単に戦略的見解でもありますが、私は、通常型の巡航ミサイルや潜水艦、航空機、スパイ衛星、サイバー、その他を先に使うな、とは言いません。しかし、核兵器は違いますよ。核兵器での交戦を我々から先に始めるという考え方は、私にとっては、信頼性のある威嚇ではありません。だから、そういう威嚇をするのを聞いたことがないわけです。

　オバマ大統領が「必要があるならば、核兵器を先に使う用意がある」と言ったことはないと思います。あるいは、その線に沿ったことをです。「我々はオ

【巻頭インタビュー】 オバマ政権核政策の内幕を語る

プションを手にしている」と言ったことはあるでしょう。「核態勢の見直し」で大統領は「もちろん、我々は、特定の限られた緊急事態において核兵器を使用する権利を有している」と述べてはいます。しかし、我々はそれを誇示したことはありません。ドナルド・トランプやその将軍たちとは全然違うのです。

　核に関する安全保障の専門家が核兵器について語るときには、安定性や抑止、安心感といった利点については語りますが、コストについては語りたがりません。私が言っているのは金銭的な意味でのコストではなく、リスクのことです。リスクなどないという意見、ささいなものだという意見もありますが……しかし、核兵器を保有するリスクはあるのです。事故。計算違い。核保有の後続を招くというリスク。そして［核兵器を使えるという］誘惑。私の気に入っている論文の一つが、スコット・セーガンの『The Problem of Redundancy Problem』（整合性の問題）というタイトルのものです。我々がこれらのシステムをすべてを作り上げ、自分たちは利口だと思っている。なぜなら、セキュリティを幾層にも幾層にも積み重ねているからです。しかし実際には、層を1枚増やすたびに、脆弱性は増していく。なぜなら、それらの層が互いにどう機能するか、制御も予想もできなくなるからです。

黒川：作用・反作用の負のサイクルにはまってしまう。

ウォルフスタール：おっしゃる通りです。フランシス・フィッツジェラルドが書いた『Way Out There in the Blue』（青空の中の出口）という本があります（Fitzgerald 2001）。ミサイル防衛に対する米国の強迫観念を描いています。「技術が我々を安全にする」という産業革命以来のアメリカ社会の伝統があります。私は専門家ではありませんが、日本でも、1950年代から60年代にかけて経済が急成長したため、同じような感覚があるのだろうと思います。優れた工学に数学、建築ですね。それで、「そう、技術が我々を守ってくれる」と考えます。

黒川：技術によって解決策を見いだせるという信念のことでしょうか？

ウォルフスタール：そうです。しかし、技術ではどうにもならないことがあります。そして常にリスクもあります。だからオバマ大統領は「人々は、核兵器は我々の安全保障の解決策だと考えているが、そうではない。それは危険の源

なのだ」と言っていました。核兵器を廃絶するまでは、我々が安全でいられるように、そのリスクを管理していかねばなりません。しかし、我々を真に安全にする唯一の方法は、核兵器を廃絶する道を考えることです。それは、ジョージ・W・ブッシュ大統領のようなやり方ではありませんし、ドナルド・トランプのようなやり方でもありません。

黒川：トランプ氏は、大統領選の際に、日本や韓国が核兵器を開発することを支持するかもしれない、と繰り返し述べていましたね。これについてはどうお考えですか。

ウォルフスタール：トランプ氏の見方が米国の政策を代表しているとは思いません。彼の言葉が彼の見解を反映しているとすら思いませんよ。なぜなら、彼は自分が言ったことすらわかっていないと思うからです。そこで彼が言っていることは、「日本は友好国だから、日本が核兵器を持ってもアメリカを傷つけることはないだろう」というきわめて単純化されたロジックです。日本は、米国を核兵器の標的にすることはないでしょうから、その意味では日本が核兵器を持っても米国の脅威ではありません。しかし、日本が核兵器を持つということは、この地域において安全を管理し、核兵器の拡散を防ぐという米国の目的にとって大きなリスクになります。その歴史や、米国との比類なき安全保障関係を考えても、日本が、核兵器を持たなければならないと考えるほどに、安全保障において米国のコミットメントを信用できず、核兵器を持たなければならないと考えたなら、その時点で、米国はグローバル大国としては終わりです。日本も、核兵器が解決できる以上の大きな問題を抱え込むことになるでしょう。そうなれば、核軍縮と不拡散、地域安全保障の構成について、根本的な再考を迫られるでしょう。

　それは、日本が特別だとか、日本が核兵器をどうするかといった類の問題ではありません。米国が作り上げてきた戦後秩序をどう考えるかという問題を反映しているのです。集団的安全保障は機能してきたのです。それは素晴らしい成功でした。それによって、日本も、東アジア全体も、欧州全体も繁栄し、費用を節約することができたのです。

　炭鉱のカナリア……この喩え、わかりますか？

【巻頭インタビュー】　オバマ政権核政策の内幕を語る

黒川：ええ。

ウォルフスタール：集団的安全保障のシンボルは拡大抑止です。仮にあなたがこのシナリオにおけるカナリアだったとしましょう。だれもカナリアにはなりたくありませんが、このシナリオで、あなたが核兵器を持たずに生き延びることができたとしたら、このシステムは健全だということです。しかし、そうでなければ、システム全体を見直さなければいけません。もし日本や韓国、ドイツやその他の国々が核兵器を持ったとして、それでもなおアメリカとの関係が従前どおりという状況は想像できません。なぜなら、核兵器が保有されるということは、その関係がすでに変容してしまったということだからです。どの国に関してもそう言えるでしょうね。しかし、だからといって、関係を調整する方法がないわけではないのです。

　日本や韓国から、核のシグナルが発せられることがあります。アメリカとの関係やアメリカからのコミットメントに不安があるときはいつでも、韓国政府や日本政府の誰かが「［頼れるのは］核兵器だ、もっとこっちに目を向けてくれ」といったボタンを押すのです。60年代もそうでした。80年代もそうでした。韓国の80年代初めの核開発もそうでした。日本がNPTに加入するときの議論もそうでした。

　こうした議論が起きるとき、もっと緊密に協力する方法を見つけます。なぜなら、それは、現状に満足していないというシグナル［カナリアの沈黙］だからです。その時、韓国に核兵器を再配備するオプションを考えるべきか。私は名案だと思いません。軍事的な理由がないからです。しかし、もし韓国が、それによってアメリカのコミットメントを感じることができるのなら、韓国への米軍配備を増やすということには意味があるでしょう。日本にとっては、米国のコミットの確認の方法は、核兵器の陸上配備ではないかもしれません。核兵器を米艦船に再搭載するという話かもしれません。ミサイル防衛協力かもしれません。兵器システムの共同開発かもしれません。沖縄や日本のどこかの戦力配備の変更かもしれません。あるいは、横須賀の基地の拡張かもしれません。

　同盟の強さを示す方法はいくらでもあるのです。もし、日本の憲法が改正され、政治が変わって、アメリカが日本に核兵器を配備すると言えるようにな

り、日本もそれが可能だと考え、アメリカが、安全保障を維持するためにそれが必要だと考えるようになったとしたら、そうすることはできると思います。しかし、極端なオプションを採る前にとれるステップはたくさんあるのです。極端に走る前に使えるツールはたくさんあるのです。

　これが、日本が核保有に走る心配はないという、私の回りくどい回答です。もし、日本が核兵器を開発するかもしれないと心配するようになったら、それはもっと大きな心配事があるということです。それは、米国がグローバル大国としては根本的に変わってしまった、ということですから。その時点で、皆が学ぶ言語は中国語かロシア語になっているかもしれません。それは今とはまったく異なった世界であり、貿易関係も、経済関係も、文化関係も、違ってきているでしょう。

　だから、私の見るところでは、ドナルド・トランプは危険であり、害が大きい存在なのです。彼は本当のところ、考えが及んでいない。なのに、アメリカの人々は、彼が実際には真剣にものを考えていないにもかかわらず、彼は本気だと思い込んでしまっています。何かの戦略が必要です。わかりますか？　中国の習近平国家主席は頭をかきながら、「トランプは何を考えているんだ？　計算しているに決まっている」と言っていることでしょう。プーチンは、トランプは賢くないと知っているはずです。しかし、世界の多くの指導者らは「慎重に検討を加えることなしに米国が何かをするはずがない。何か計画があるに違いない」と思っている。でも、計画などありはしません。トランプのホワイトハウス、彼の政権は、自分が何をやっているかわかっていない人たちによって運営されているのです。

4　核兵器禁止条約

黒川：核兵器禁止条約[M]について、どのようにお考えでしょうか？　米国を含めた核兵器国は国連の条約交渉会議に参加しませんでした。オランダ以外の、日本や韓国などの米国の同盟国についても同様です。しかしながら現実に、条約は採択されました。この状況をどう見ますか。

ウォルフスタール：確かに条約は採択されました。しかし、5つの核兵器国や

「核の傘国」、その他の核武装国抜きに前進することなどできないと誰もが考えているでしょう。

禁止条約は採択され、50カ国が加盟した際に発効するとなっています。50カ国は数として集まりはするでしょう。そうでしょう？　バヌアツや南アフリカ、メキシコ、ブラジル、アルゼンチン、オーストリアといった国々が署名するでしょうし、条約は発効するでしょう。しかし、核兵器国には何の影響も持ちません。核の傘国に対する唯一の効果は、政治的論議を引き起こすという点でしょう。違いますか？　オランダでは労働党が禁止条約を支持し、それが外相へのプレッシャーとなったものの、[新政権で] 労働党から外相は指名されませんでした。話を広げ過ぎず、真剣な人物が必要とされたからです。

ですから、この条約が核兵器国やその同盟国に実際的な影響を与えることはないと思います。核不拡散条約（NPT）には関しては分断するような効果を持つでしょうし、誰もが支持できる解決策を探る論議はより難しくなるでしょう。そして、それは意図的になされたことです。禁止条約の推進者は、NPTの価値を貶め、ジュネーブ軍縮会議や国連第一委員会といったその他の既存の軍縮フォーラムの価値を貶めることで、核兵器国に異なった行動を取らせる何か新しいものを作りたかったのだと私は考えています。彼らのフラストレーションは理解しますし、彼らの希望は、核兵器を廃絶したいという正しい目的に向けられているとは思いますが、現実からは切り離され、遊離しています。率直に言えば、核不拡散と軍縮の両面において、進展をもたらすことを以前よりも難しくしてしまったと言えるでしょう。

黒川：条約は米国の核抑止政策に影響を与えると思いますか？

ウォルフスタール：オバマ大統領の下のアメリカは、軍縮・不拡散やグローバルな責任を支持することに著しく前向きでした。大統領自身は、我々の他にはない、特別で道徳的な責任について語っていました。禁止条約を検討した我々は「これは役に立たないだけではなく、有害である。軍縮という我々の目標を達成し、核不拡散に効果を与えるうえで逆効果だ」と言ってきました。実際のところ、条約は米国において政治的な影響力を持たないでしょう。核兵器禁止条約のためのデモは起こっていません。条約の存在すら知らない人が多いと思

います。「核凍結」をめぐって街頭に100万人が集った1981年の状況とは違います。政治的にそれほど目立つ問題ではないのです。［核兵器をめぐる］作戦行動に大きな影響があるとも思えません。したがって、同盟国を守る米国の能力に影響があるとは思えません。

　影響があるのは、日本やオランダのような国々が「禁止条約を無視できない。条約を政治的に支持するか、加入しなくてはならない」と考えるようになった時です。核兵器の移動や配備が妨げられることになりますから、作戦行動に影響が出てくるかもしれません。

　しかし、より大きな問題が条約により生じることになります。それは、禁止条約が、核兵器使用の威嚇も禁じていることです。抑止はまさに威嚇に依存しています。したがって、禁止条約に署名した国は、拡大抑止関係の一員ではいられなくなるのです。政治的環境が劇的に変わらない限り、そのことは日本にとってきわめて居心地のいい状況であり続けるでしょう［訳注：ここでウォルフスタール氏が言及しているのは、日本政府が、「使用の威嚇」が条約の禁止事項に入っているために、米国との拡大核抑止関係を持ち出して条約加入を拒絶することが容易になってしまう事態のことである］。

黒川：核兵器に「悪の烙印を押す」という側面についてはいかがでしょうか。
ウォルフスタール：核保有に対する強いタブーがある日本以外の国では、核保有に対するタブーは存在しないでしょう。韓国では問題にならないと思います。欧州のほとんどの国や、ドイツですら、やはり問題にならないでしょう。

　タブーはもっぱら、核兵器の使用に関するものです。保有はそれほど「絶対悪」とみなされてはいないのです。では、禁止条約はこの点で意味があるでしょうか。非核兵器地帯条約やNPTの加盟国ではないが禁止条約に加入した国の非核のコミットメントが、禁止条約加入によって強化されることがあるでしょうか？　そこで何かプラスがあるとは思いません。率直に言えば、むしろ危険な機会をつくり出していると思います。もし、ドナルド・トランプが「核兵器禁止条約ができた。軍拡競争を終わらせ、全面的かつ完全な軍縮を達成する交渉を誠実に追求するという、核不拡散条約上の私たちのコミットメントは、［禁止条約が存在意義を認めている］NPTに書かれてある通りだ。した

【巻頭インタビュー】　オバマ政権核政策の内幕を語る

がって、核兵器を廃絶することは法的に義務付けられていない。NPT ではそのことは要求されていない」と言ったら、どうなるでしょうか。クリス・フォードは、NPT 再検討会議の声明は、政治的に拘束力あるものであるが、法的拘束力はないと繰り返し述べています。[NPT 再検討会議による] 2010年の行動計画や2000年のクリントン大統領声明には法的拘束力はありません。したがって、米国は、「核兵器を廃絶することを望むと決意した際に、我々は核兵器禁止条約への加入を検討することになろう。しかし、それまでは、核軍縮を追求する義務はない。以上」と言うこともできるのです。

　これは望ましい状況ではありません。違いますか？　むしろ状況はもっと悪くなるでしょう。しかし、それも含めて、禁止条約が生み出した状況そのものです。禁止条約によって、核兵器国は「NPT 上では [核廃絶の] 法的義務がないという点を言っているのは、こちらではなく、そちら（条約推進派）も同様だ。もしこちらが新たなコミットメントを打ち立てようということになれば、その時にそちらと協議することになろう」と言い返すオプションを与えてしまいました。

　条約推進派の考えを理解したいとは思うのですが、しかし、彼らは大きな過ちを犯しました。しかもそれは、システム全体に大きなダメージを与えかねないものです。より重要なのは、非核兵器国が、自分たちは新しい義務を負うことなく、核兵器国にだけ何かをさせようという試みだという点です。保障措置の義務に関して禁止条約は、いま存在する保障措置を維持すると言っているにすぎません。付属議定書を採用していないのです。核を拡散しようとする者に対して罰則を課す義務がないのです。完全なる「許可証」を得たようなものです。オランダやスウェーデン、スイスによる提案は説明もなく拒絶されたのに対して、その他の提案 [たとえば核による威嚇に関するもの] がその他の国々からなされた際には、条約に盛り込まれることになりました。民主的でオープンなプロセスとは思えません。ですから、核兵器禁止条約を支持できないのです。

黒川：しかし、長期的に見れば、米国は通常兵器の面で優勢を保ち、核兵器禁止条約に関しても望ましい立場を維持しうるのでないですか。核戦力がなくと

も、米国やその同盟国は強い能力を持つことができると思うのですが。

ウォルフスタール：今日はまさにそのことを言ってきたわけです。核兵器は削減できるとオバマ大統領が考えた理由は、皆がそうすれば、皆が勝者になれるからでした。米国には通常兵器の能力があり、望めば、先頭に立ち続けられるのです。核兵器禁止条約によってもこの状況に変わりはなく、米国は通常兵器能力を維持できますし、またそうすべきです。

　では、なぜ、禁止条約を支持できないのか？　米国は「その他すべての核兵器国、北朝鮮やインド、パキスタン、イスラエルが支持したら自分たちも禁止条約を支持するだろう」と言うことができるでしょう。我々はそうするかもしれません。しかしそれは、全員がフェアプレーをする限りにおいてです。現状はそうではありません。核兵器禁止条約を考え方としては支持すると米国が言ったとたんに、条約を推進する人々はすぐさまこう言うことでしょう。「オーケー、すばらしい。ポーランドの領土には核兵器がないのだから、ポーランドは条約に署名したらどうか」。それは政治的な力を生み出すことでしょう。NATOを崩壊させたい国々は、冷戦期の核凍結運動がそうだったように、核兵器禁止条約支持の市民運動を作り出して、同盟の分断を図るでしょう。

　［条約賛成派にとって］意味のあることが何かひとつあるとすれば、こういうことです。条約があり、条約が発効して、条約加盟国がNPTの場に現れて、「NPT再検討会議の文書に、核兵器禁止条約への我々の支持を書き込みたい」と言ったら、米国は「冗談じゃない」と言うことでしょう。そして最終文書はまとまらない。そしてそれこそが、NPTの反対派が望むことなのです。

　次の2020年NPT再検討会議で何らかの文言に何とか到達するようなチャンスが我々にはありますし、実際のところその義務もあると思います。禁止条約の存在にも触れ、かつ多数派にとっても容認できる文言をどうやって見つけることができるでしょうか？　米国やロシア、この両国以上に禁止条約を嫌っているフランス、それに日本やオランダが一方にあり、他方に、禁止条約の考え方を全体として支持する国々、メキシコやオーストリアがいる中で、どんな着地点を見つけることができるでしょうか？　結局のところ、エジプトが禁止条約に署名して、NPT再検討会議の最終文書において強い文言を盛り込むよう

に無理押しすることでしょう。なぜならエジプトは、イスラエルに対して力を持たないNPTは無意味だと考えているからです。行く手にはきわめて厳しいものがあります。禁止条約は、NPTと核兵器国の両方に対抗したい国々が活用するひとつのクラブのようなものになっていくでしょう。

黒川：禁止条約を支持する国際的運動にとっては、民主主義があり、民衆の声は政府に届くべきとされている米国やその同盟国がもっとも効果的なターゲットですね。

ウォルフスタール：その通りです。彼らはそれを認めることすらするでしょう。もし条約支持派が私のところに来たら、私は「我々のところに支持を求めに来ているのはわかる。しかし、なぜロシアに行ってINF条約違反について異議申し立てしないのか。あるいは、なぜ北朝鮮に行って話をしないのか」ということでしょう。彼らは「行っても聞く耳を持たないから」ということでしょうね。我々は「わかった、君たちは我々の家にやってきて、押し入ろうという……なぜなら、彼らは敷地に入れてくれないから、ということか？」とでも聞くことでしょう。あまり意味のあることとは思えません。

　アメリカはきわめて冷淡な立場になりかねません。「禁止条約はすばらしいものだ。ぜひ加入しよう。時限を区切った約束が必要だと言ったね。ならば我々は175年で我々の核兵器を廃棄することにしよう。それが我々のやり方であり、それくらい時間がかかるということだ。我々は善意だ。約束も守る」ということもできるでしょう。それに対して推進派は「でも、核兵器を使用するとの威嚇を止めていませんね」と言い、我々の側は「それは……非核兵器国の側でも、この文言に関する定義と適用の仕方については正確なコンセンサスがない」とでも言うことでしょう。こうやって条約を壊すことも可能なのです。混乱のまま状況を放置することもできるのです。率直に言えば、そんなものはただ無視するに限ります。数年も経てば、禁止条約は実行不可能であることが明らかになるでしょう。2020年のNPT再検討会議の時には、禁止条約の問題が前面に現れてくるでしょう。それは会議の重大な議題として扱われ、そして［その後］ただ忘れ去られていくのだと思います。

【解説注】

A） アメリカの外交官。国家安全保障会議アジア局長 (2015-17)。
B） 中央情報局 (CIA) で中国問題の元分析官。2人の国務長官に対する諜報問題の連絡官として務め、長官に対する優れた支援に対して2011年の米国務省特別名誉賞を受けた。
C） 核セキュリティに関する副大統領の発言 (2017年1月11日)。https://obamawhitehouse.archives.gov/the-pressoffice/2017/01/12/remarks-vice-president-nuclear-security.
D） 2016年9月4・5両日、中国の杭州でG20サミットが開かれた。
E） いわゆる核の「第一不使用」公約は、「核兵器国が、紛争において核兵器を第一に (先に) 使用する国にはならず、核の使用を、その領土や軍人に対する核攻撃への報復に厳格に限定すると、権限を持った者が声明すること」を意味する。https://www.cfr.org/backgrounder/no-first-use-and-nuclear-weapons
F） オバマ政権は、核兵器の「唯一の目的」は核攻撃を抑止することにあるとの方針を検討したが、採択しなかった。基本的には、米同盟国からの反応への懸念から「唯一の目的」を断念したと言われる (Fetter and Wolfsthal 2018)。
G） ベルリン・ブランデンブルク門でのオバマ大統領の演説 (2013年6月19日)。https://obamawhitehouse.archives.gov/the-press-office/2013/06/19/remarks-president-obama-brandenburg-gate-berlin-germany
H） スーザン・ライスは、オバマ政権において、国連大使や国家安全保障担当補佐官を歴任。
I） アブリル・ヘインズは、オバマ大統領の国家安全保障担当副補佐官や、中央情報局 (CIA) 副長官を歴任。https://www.law.columbia.edu/faculty/avril-haines
J） ウィリアム・ペリーは、第19代米国防長官 (在任：1994年2月～97年1月)。それ以前には、国防副長官 (1993～94)、国防次官 (1977～81、研究・技術担当) を務めたこともある。https://www.hoover.org/profiles/william-j-perry
K） リチャード・ガーウィンは、大統領の科学諮問委員会の委員を1962～65年と1969～72年、国防科学委員会の委員を1966～69年に、それぞれ務める。米国物理協会、IEEE、米国芸術科学アカデミーの研究員、米国学士院、米国工学アカデミー、米国医学アカデミー、外交関係評議会、米国哲学協会の会員。https://fas.org/rlg/
L） 「日米拡大抑止協議は、日米安保・防衛協力の一つとして、いかに日米同盟の抑止力を強化していくかについて率直な意見交換を行うものであり、米国から抑止力の提供を受けている我が国が、米国の抑止政策及び複雑化する安全保障環境下での政策調整のあり方について理解を深める場として機能しています」「日米間では、従来から拡大抑止に関する協議を様々な形で行っており、2010年以降は定期的に行っています」。外務省によるプレスリリース https://www.mofa.go.jp/press/release/press4e_001625.html
M） 2017年7月に採択された核兵器禁止条約 (TPNW) には、あらゆる核兵器関連の活動に関与することを禁止する包括的な条項が含まれている。たとえば、核兵器の開発、実験、生産、取得、保有、備蓄、使用、使用の威嚇の禁止などである。https://www.

【巻頭インタビュー】　オバマ政権核政策の内幕を語る

un.org/disarmament/wmd/nuclear/tpnw/
N） クリストファー・フォードは、国際安全保障・核不拡散担当の国務次官補。トランプ大統領の特別補佐官も務めた。https://www.state.gov/r/pa/ei/biog/276938.html

【出典】
Kurokawa, Tomoko. 2018. "Determinants of the Nuclear Policy Options in the Obama Administration: An Interview with Jon Wolfsthal," *Journal for Peace and Nuclear Disarmament* 1(2): 497-528. DOI: 10.1080/25751654.2018.1541727

〔翻訳：黒川　朋子、山口　響〕

I
核兵器禁止条約と核軍縮

1

核兵器禁止条約をめぐる日本の誤った選択

ラメシュ・タクール

　2017年現在、1972年の生物兵器禁止条約および1993年の化学兵器禁止条約により、3種類の大量破壊兵器（WMD）のうち2種類はすでに禁止されている。しかし、1968年の核不拡散条約（NPT）がより長期にわたって存在してきたにもかかわらず、あるいはかえってNPTがあったために、すべてのWMDの法的な禁止を完成させるための、他の2つと同等の核兵器を禁止する条約は依然として存在してこなかった。核兵器はドイツを阻止するために発明され、日本を倒すために使われ、旧ソ連に対して最も集中的に配備された。ほぼ普遍的な加盟があるNPTはすべての核兵器に関する条約および非公式な協定の幹となり、50年にわたり核戦争の悪夢を瀬戸際で食い止め、平和目的の核関連物資の世界的な貿易を支え、促進してきた。NPTは5カ国（中国・フランス・ロシア・英国・米国：N5）に核兵器を維持することを認めたが、同時に、5カ国に交渉を通じて核兵器の廃棄を進めることを義務付け、これ以外の国が核兵器を入手することを禁止した。

　国連によりニューヨークで開催された会議において、2017年7月7日の歴史的な票決で、122のNPT締約国が核兵器禁止条約（NWPT）に賛成票を投じた。これはNPTの採択以来最も重要な多国間での核軍備管理における進展であった。NWPTは、核兵器の入手、開発、製造、組み立て、保有、移転、受領、実験、領域外への配備および使用、使用するとの威嚇を禁止してい

(UNGA 2017)。NWPT は、同年 9 月20日に国連総会において署名開放され、同日、50カ国によって署名された。50カ国が批准した90日後に発効することになっている。

　核兵器国の軍縮に対する頑強な抵抗に幻滅していたNPT 締約国の3分の2は、誠実かつ前向きに行われる多国間交渉をもってすれば、4 週間足らずの真剣な交渉で納得に足る核軍縮条約文を作成することができると証明した。しかし、会議を欠席した3分の1のNPT 締約国には、核兵器を保有するすべての国と、NATOおよび太平洋の約30カ国の米同盟国が含まれていた。それらの国々は、NWPT は、NPT にダメージを与え、また核抑止を弱体化させることで、国際の安全を危うくする危険があるという立場であった。これらの国々は強力かつそれなりの規模の少数派を形作っているだけでなく、国連の模範的なメンバーを含んでいる。それらの国々による会議のボイコットとNWPTの拒否は、2つの条約の間の無視できないほどの潜在的な緊張と摩擦を示している。これは、NPTと国連がグローバルな核に関する政策において初めて相違を引き起こしたということを意味する。すでに綻びかけていた、グローバルな核の秩序と核に関する政策の方向性を具現化するものとしてのNPT の規範的な合意は、破られてしまったのである。

　条約の採択後、合同記者発表において、西側のNPT 上の3核兵器国（米国・英国・フランス）の大使は、3カ国が条約交渉に参加せず、また「署名、批准あるいは条約の締約国となる意図」はないと述べた。条約は「70年以上にわたって欧州と北アジアの平和の維持に不可欠であった核抑止政策と両立しない」からである。暴露された2016年10月17日のNATO文書によれば、米政府は同盟国に対し、「核兵器の即時禁止を交渉したり核抑止を非合法化したりしようとすることは、抑止に関するNATOの基本政策と我々共通の安全保障に関する利害と根本的に食い違う」という理由で、交渉の開催に反対投票し、開催されるいかなる交渉にも参加しないように説得した。しかし、その文書は「核兵器を禁止する条約の影響は広範囲に及ぶ可能性がある」ことを認めている。

　米国の同盟国は、条約は非実用的、非効果的、非現実的であるとして、律儀

にも核兵器保有国に同調して国連の会議をボイコットした。日本は辛辣で批判的な冒頭声明の後、会議を退席した。岸田文雄外相は、交渉は「核兵器国と非核兵器国との間の断絶をさらに深め、かえって逆効果になるかもしれない」と述べた。[3] この出来事は日本のヒバクシャをひどく落胆させた。[4] 本章では、核兵器禁止条約を拒否することで、日本が、歴史的にも、地理的にも、法的にも、道徳的にも、また人道的にも、誤った選択をしたことを論じる。日本は、核兵器政策を測る基準としては、感情を揺り動かす存在である。核兵器禁止条約に対する日本の立場は、世界に渦巻く心情を読み違えているだけではなく、日本自身の歴史、遺産および人々に対する深い裏切りでもある。私は主に日本に焦点を当てているが、ほとんどの議論は、核兵器を保有するすべての国々と、核の傘の下に庇護を受けようとする同盟国にも当てはまる。

1　状況：5つの逆説

ウィリアム・ペリー元米国防長官は「現在の核による破滅の危険は、冷戦期間中よりも大きい」（McManus 2016）と警告している。核による平和は、現在まで幸運と健全な管理によって保たれてきた（Lewis et al. 2013; Schlosser 2013）。核兵器は、国家の安全保障を提供する以上に、国際の安全を脅かしている。しかし、核兵器保有国は、核政策を国家の観点からのみ計算するという罠の中に陥っている。

5つの逆説がグローバルな核軍備管理問題の文脈を形成し、NPTとNWPTの分断の中心に存在する。第1に、核兵器は、核兵器を使用するという威嚇が信用される場合にのみ抑止にとって有効である。しかし、もし抑止が失敗した場合でも核兵器は決して使用されてはならない。なぜならば、いかなる核兵器の使用もすべての人にとって悲惨な状況をさらに悪化させるからである。第2に、核兵器は（それを保有する）いくつかの国々にとっては利用価値があるが、不合理なことに他の国に拡散することは防がなければならない。第3に、核兵器の解体、廃棄の最も実質的な進展は米国とソ連／ロシアとの間の二国間の条約、合意および措置によって実施されてきた。しかし、核兵器のない世界は、普遍的で無差別に核兵器を禁止するような、多国間の国際的な取り決めによら

なければならない。第4に、現存している条約に基づく制度が、総体として国際の安全にしっかりと根付いているものであり、多くの大きな成功を収め、重要な成果をあげてきたことは認めなければならない。しかし、蓄積されてきた異常や欠点、欠陥は、それらの制度のいくつかがすでに成功の限界に達していることを示唆している。最後に、今日存在する核兵器は冷戦時代に比べてはるかに少ない。核兵器は米ロの関係を形作るうえでより小さな役割しか果たしておらず、米ロ間の核戦争の可能性は低い[B]。しかし、より不安定な地域のより多くの国がこの恐ろしい兵器を入手し、テロリストたちが核兵器を求め、核兵器の指揮命令システムが依然として人的なミスやシステム障害、サイバー攻撃に脆いことから、核戦争の危険性自体は増している。

第一の核時代は、冷戦における二極間の対立、核兵器拡大競争および2つの超大国の持つドクトリン、戦略的な安定性を維持するための比較的強固なメカニズムの発達によって調節されていた。第二の核時代 (Bracken 2012; Yoshihara and Holmes 2012) は、協力と対立が交差した核兵器国の多様性、脆弱な指揮命令システム、同時に3カ国あるいはそれ以上の核兵器保有国が存在する中の脅威認識、その結果として、9つの核兵器保有国の間でのより複雑な抑止関係によって特徴付けられている。ある国の核態勢の変更が、いくつかの他の核兵器保有国に連鎖的に影響を及ぼすかもしれない。たとえば、インドとパキスタンの間の核関係は、歴史的に、概念的に、政治的に、戦略的にそして作戦的に、核兵器国としての中国と深く関わっている。さらに、核兵器と通常兵器、戦術核弾頭と戦略核弾頭、核・サイバー・宇宙空間の間の境界もまた曖昧になりつつある。

NPTは第一の核時代には国際社会にとって役立ったが、第二の核時代にはそれほど役に立たないことが明らかになっている。核兵器を封じ込め、取り除いていくというNPTの規範的な力は尽きつつある。核兵器を保有するすべての国は、無期限に核兵器を維持するためにNPTの趣旨を裏切った。アレクセイ・アルバトフは、核兵器の軍備管理は歴史的な終焉を迎えたのではないかと疑っている。ほぼすべての核兵器削減と不拡散に関する交渉は停滞し、不拡散体制は軟化しつつある。「既存の条約体制は損なわれつつあり……近い将来崩

壊するかもしれない」、そして「既存の条約枠組みと制度の全面的な分解」によって、戦闘における核兵器の使用の危険性と計画は再び脚光を浴びることになるとアルバトフは警告する（Arbatov 2015, 3, 22）。

2 歴　史

戦争の開始に対する関心や、戦闘時における行動の規制に関する規範的な枠組みに関する関心に沿って、評論家や政策担当者は戦争に使用される兵器の規制に長らく関心を寄せてきた。国際連盟規約第8条は「その軍備を国の安全及び国際義務を共同動作を以てする強制に支障なき最低限度まで縮小する」ことを求めている。国連憲章は「軍備規制の方式を確立するため（の）計画」を策定する責任を安全保障理事会に負わせている（第26条）。国連憲章は、原子爆弾が初めて使用される2カ月前に調印され、第1回国連総会は使用から2カ月後に開催された。新しいタイプの兵器の破壊力は、世界の情勢を左右する重大な衝撃を与えた。すべての政府とあらゆる人々は、核の平和の利害関係者となり、核の秩序のガバナンスに対して発言権を要求した。いわば、意見表明の機会なく滅亡させられることはあり得ないと主張したのだ。国連はこの要求を明らかにするためのグローバルな機会を提供した。さらに、いくつかの非核国は、核兵器を排除する地域を自ら設けることで、「譲れないライン」を引くことを決めた。

1946年1月24日の、初めての国連総会決議は、新しく設立された国連原子力委員会にすべての大量破壊兵器を廃絶するための提案を作成するように求めた（Rydell 2009）。それ以来、活動家やNGO、政府、国連は、核兵器に関する技術、資材および兵器そのものの拡散を規制するため、ますます厳格化する規範的な構造を支える柱を絶え間なく整備してきた。南極条約（1959）は人類の居住しないこの大陸を非軍事化、非核化し、続いてトラテロルコ条約（1967）はラテンアメリカに人間が居住する地域として世界で初めての非核兵器地帯（NWFZ）を設立し、NPTが1968年に成立した。1978年の第1回国連軍縮特別総会は、核兵器の廃絶という目標の重要性に国際的なコンセンサスを認める歴史上画期的な総会となった。[5)]追加されてきた支柱には、先行した大気中および

水中での実験の禁止の成功に続く包括的核実験禁止条約（CTBT）、1974年のインドの核実験後に発足した原子力供給国グループ、南半球をカバーし、中央アジアとモンゴルで限定的に北半球まで拡大した地域的な NWFZs（Thakur 1998）、「拡散に対する安全保障構想」などが含まれる。さらに、国際原子力機関（IAEA）は、安全および保安基準の設定と共に、不拡散義務の履行を確保するための国連の核の番犬として活動している。

米国とロシアは、２つの超大国として、前進と後退をともに主導してきた。米国は1946年に、原子力の国際管理のために、やがて IAEA の設立につながるバルーク案を提案した。最初の核実験停止合意の提案は1954年にインドから出された。1957年、西側同盟国は、核実験の停止と核兵器の保有量の削減を開始するための作業文書を国連に提出した。より重要な意味を持つのは、1969年にヘルシンキで始まった戦略兵器制限交渉に続く一連の二国間での核兵器管理に関する合意である。弾道弾迎撃ミサイル（ABM）制限条約（1972）、中距離核戦力（INF）全廃条約（1987）、戦略兵器削減条約（START、1991および1993）、新 START（2010）が挙げられる。その間、米国議会は、ロシアが核、化学およびその他の兵器を廃棄することを支援するためにナン・ルーガー「ソビエト核脅威削減法」を可決した。

部分的核実験禁止条約（1963）は、大気圏内、宇宙および水中での核実験を違法化した。地下核実験制限条約（1974）は150キロトン以上の出力の地下核実験を違法化した。1996年の CTBT は未臨界核実験を除くすべての核実験を禁止した。CWC は化学兵器を禁止し、1995年には NPT が無期限かつ無条件で延長され、2000年の NPT 再検討会議には意欲的で前向きな議題が含まれていた。2009年には、バラク・オバマ大統領がプラハにおける画期的な演説の中で、核兵器のない世界の理想を描いてみせた。[6]

言い換えるなら、歴史は、直線的な前進というよりも、ジグザグであるにもかかわらず、一つの方向に動いてきた。それは、核兵器の存在と使用を制限し、終わらせる方向へ向けた動きである。NWPT はこの歴史的な前向きの流れの一部なのである。

3 地　理

　世界の9つの核兵器保有国のうち、4つはアジアにあり、そこには、NPTに関連したあらゆる種類の地位をもった国が含まれる。すなわち、NPT 上の核兵器国が1カ国（中国）、NPT 未加盟の核兵器保有国が2カ国（インド・パキスタン）、世界で唯一のNPTからの脱退国（北朝鮮）、核の傘国が3カ国（オーストラリア・日本・韓国）、それに大多数の非核兵器国である。ロシアと米国も太平洋に大きなプレゼンスがある。アジアは、核弾頭の保有量が拡大している唯一の大陸である。野放しになっている北朝鮮の核の野心は、国内法によって非核地位を確立しているモンゴルを唯一の例外として（Enkhsaikhan 2017）、アジア地域に核拡散の連鎖反応を引き起こしかねない。アジア諸国は、核兵器の軍事的な有用性と政治的な有用性に関し、非対称的な認識を持っている。中国とインドは核兵器の第一不使用政策を宣言しているが、それは中国とインドが核兵器に軍事よりも政治面での有用性を見出しているからである。アジアは、たとえば中国、インド、パキスタンのように、核兵器保有国の間での長期間にわたる、大きな領土紛争が同時に展開されている舞台である。3カ国あるいはそれ以上の核兵器保有国の間で同時に発生する脅威認識は、冷戦時代の核の二極構造を、今日のような相互に絡み合った核の連鎖に変えてしまった（Einhorn and Sidhu 2017）。

3.1 核 実 験

　CTBTは183カ国によって署名され166カ国によって批准されている。CTBTを発効させるのに必要な付属書2記載の44カ国のうち、8カ国が残されている。その中の4カ国はアジアの国々（中国・インド・北朝鮮・パキスタン）である。1996年の条約採択以来実施されたごく少数の核実験はすべてアジアで行われている。同時に、パキスタンは一貫してジュネーブ軍縮会議における核分裂性物質生産禁止条約に関するあらゆる作業計画の採択を妨げている。NWPTの前文は「核兵器使用による被害者（ヒバクシャ）及び核兵器の実験により影響を受けた被害者にもたらされた容認しがたい苦しみと損害」［訳注：核兵器

Ⅰ　核兵器禁止条約と核軍縮

禁止条約の日本語訳は、山本武彦／庄司真理子編『軍縮・軍備管理』志學社、2017年、pp.302-312による。以下同様］について述べ、

> 「締約国は、核兵器その他の核爆発装置の実験又は使用に関係する活動の結果として汚染された自国の管轄又は管理の下にある地域に関して、汚染された地域の環境上の回復に向けた必要かつ適切な措置をとる」（第6条2項）

と規定している。

　この条項は、とりわけ70年以上にわたって4つの［NPT上の］核兵器国と核兵器を保有する3つのNPT非締約国によって実施された7組の異なる核実験の舞台となってきたアジア太平洋にとって意味を持つものだ。原爆を開発したマンハッタン計画の責任者だったロバート・オッペンハイマーは、1945年7月16日に初成功した核実験を見ながら、ヒンズー教の聖典であるバガヴァット・ギータの一節「あたかも空に千の太陽の輝きが一度に炸裂したかのように、全能者の壮麗さのように」を思い起こしていた。ヒンズーの生命のサイクルでは誕生と死は共生的に結びついている。オッペンハイマーは同様のギータの一節「今、私は死神、世界の破壊者となった」をも思い起こしていた(Jungk 1958, 201)。

　米国は1945年に、ソ連は1949年に原子爆弾を入手した。米国、英国、フランスによって、50年以上にわたり太平洋の各所で315回以上の核実験が実施された。さらに、中国による45回、インドとパキスタンがそれぞれ6回ずつ、そして北朝鮮による6回の核実験をこれに加えることもできる。しかし、少なくともこの4カ国は自国の領域内で核実験を行っている。他方、1946年から1958年の間に、米国はマーシャル諸島のビキニ、エニウェトク両環礁で地表、大気中および水中での実験を67回行っている。地域住民は実験の終了後帰還できると約束されていたが、環礁は居住不可能であることが明らかにされ、米国政府は住民に対し1億2500万ドルの補償金を支払った。1960年代には、太平洋のクリスマス諸島とジョンストン環礁でさらに25回の核実験を実施した。

　1956年から1963年の間に、英国は南オーストラリアのマラリンガで7回の核実験を行った。マクレランド王立委員会は、いくつかの核実験場にはまだ重大

な放射能汚染が存在していると1985年に報告している。特に現地のアボリジニーの人々は酷い影響を受けている（Arnold and Smith 2006）。英国はまたオーストラリアのモンテベロ諸島とエミュー平原、そして太平洋の植民地であったギルバート諸島とエリス諸島でも核実験を実施した。フランスは1966年から1996年の間にフランス領ポリネシアのムルロワ、ファンガタウファ両環礁で193回の大気中および地下核実験を実施した（Thakur 1996）。

アジア大陸では、中国が1964年から1996年の間に、ロプノールの4つの別々の実験場で45回の核実験を行った。インドは1974年にラジャスタン州ポカランで「平和的核爆発」と称する最初の核実験を実施した。続いて1998年5月、インドはポカランでさらに5回の実験を行った。パキスタンは2週間後、ただちにそれに続き、国内のバルチスタン州チャガイで、合計でインドと同じ回数の核実験を意図した6回の核実験を行った。北朝鮮は、2006年から2017年9月までの間に国内で6回の核実験を行った。

3.2　核戦争へのありうる道

アジアは唯一核兵器が使用された場所であり、日本は唯一の犠牲者である。またアジアは、次の核兵器使用の最も大きな可能性を蔵している。南シナ海の問題に端を発する対立の激化で中国と米国が直接衝突する可能性もある。中国とインドは2017年中頃、ブータンとの3国間の国境地帯であるドクラム高原で厳しい軍事的なにらみ合いを起こした（Thakur 2017）。インドとパキスタンが広島型（15キロトン）の原爆を相互に50発ずつ使用する地域的に限定された核戦争ですら、20億人に届くかという犠牲者を出す世界的な飢餓を引き起こしかねない（Helfand 2013）。計画的な核攻撃が核の応酬を招くとは考え難い。しかし、核兵器の保有量の増大、核の運搬手段の拡大、領土回復の主張および暴走する原理主義者のグループといった要素が混じりあい、この一帯は危険性が高い地域となっている。

北東アジアは、4つの核兵器保有国および韓国、日本、台湾を直接巻き込みかねない、世界で最も核戦争の危険性が高い地域である。米政府は、核弾頭搭載能力を持ったミサイルの射程内に米国本土を収める核能力を持った北朝鮮の

大陸間弾頭ミサイル（ICBM）の完成を受け入れることはできず、またそれに応じた対応を取ると繰り返し警告してきた。北朝鮮は2017年8月にその段階に到達し、金正恩とドナルド・トランプは好戦的な言辞をエスカレートさせた。北朝鮮によるいかなる武力の行使も自殺行為であり、金は自殺を思わせるようなそぶりは全く見せていない。米国にとっては、北朝鮮のすべての核（および生物、化学）弾頭、施設、資材およびその運搬手段の位置を突き止め、先制の奇襲攻撃によって、命中させ、破壊するという極めて深刻な困難に直面することになる。さらに、米国の攻撃に備えて何十年にもわたりいつでも即座に発射できるように訓練されてきた、数千のロケット砲を韓国に向けることも可能である。それらのロケット砲は、ソウルおよび他の目標を壊滅させ、数百万人の犠牲を強いることも可能だ。もし金が一部の核兵器と共に生き残るようなことにでもなれば、彼は歴史上で最も悲惨な大虐殺の一つを引き起こすこともできよう。

米国議会調査局の最近の報告によれば、北朝鮮の通常兵器による砲撃の結果、新たに勃発する戦争の最初の数日間で、3万人から30万人が韓国で死亡するだろうと予測されている。もし北朝鮮が核、生物、化学兵器を使用したならば、犠牲者の数は劇的に増加するだろう。もし中国が戦争に介入したならば、犠牲者は飛躍的に増大し、戦場は朝鮮半島を越えて拡大するだろう。長引く紛争は日本とアジア太平洋地域の米国領にも拡大しかねない。先の報告書は「朝鮮半島における軍事的な紛争の激化は、10万人の米国市民（最大で50万人という推定もあり）を含む、両陣営で最大2500万人に影響を及ぼす」と結論付けている（McInnis et al. 2017, 19-20）。

要するに、米国は3種類の核に関するすべての標的（弾頭、生産設備および運搬手段）を識別し、位置を特定し、破壊するのに必要なレベルの確実性を持っておらず（Stratfor 2017）、核戦力を破壊しようと試みれば、恐ろしいほどの数の死者の発生を伴うことになるだろう。しかし、軍事攻撃は成功の見込みがないにもかかわらず、「発言のパターンは……北朝鮮に対する軍事的な対応への選択が優先していることを示している」（Graham 2017）。その理由は、トランプの「アメリカ第一主義」政策の論理からすれば、北朝鮮が米国本土を攻撃す

る能力を持つことを防ぐためには、韓国、日本およびこの地域のその他の国がどれだけ深刻な被害を受けるとしても、それを無視することが合理的であるということにならざるを得ないからである。これについて、マーク・ボーデンはこう述べる。

「トランプの論理では、戦争が世界の反対側に止まるなら、全面戦争のコストは許容しうる……
　金はそのような大惨事の責任のより多くを負うことになるだろう。しかし、米国にとって、耐え難いほどの挑発や直接的かつ差し迫った脅威がないままに先制攻撃を強行することは、無謀であるだけでなく、道徳的にも弁護の余地はない。今やこの決断が、道徳的な決断力に富むとは見えないドナルド・トランプに委ねられていることは、不安材料だ」(Bowden 2017)。

このような深刻な危険を念頭に、アジアの大多数の国はNWPTに賛成票を投じた（次頁の表1）。核兵器保有国と核の傘の国々は、核の脅威を軽視し、無期限に核抑止に依存する道を選ぶことで、それらの近隣諸国と別の道を選んだ。

4　合法性

NPTは、①各国が核に関する技術と資材の移転を促進する、②非核兵器国は核兵器を開発もしくは入手する権利を諦める、③5つの核兵器国は廃絶の交渉が成立するまでの間は核兵器を維持し続けることができる、という三角形の取引であった。第6条は「各締約国は、核軍備競争の早期の停止及び核軍備の縮小に関する効果的な措置につき、並びに厳重かつ効果的な国際管理の下における全面的かつ完全な軍備縮小に関する条約について、誠実に交渉を行うことを約束する」となっている。

国連総会は核兵器の合法性について国際司法裁判所（ICJ）の勧告的意見を求めた。1996年7月8日に公表された勧告的意見は、本論文の目的に関し3つの重要な要素を含んでいた（ICJ 1996）。第1に、司法裁判所の多数意見は、核兵器の使用の威嚇もしくは使用は、一般的に国際法、とりわけ人道法の規則に違反するだろうとした。第2に、司法裁判所は、国家の存続が危険に晒されるような極限の状況下においても核兵器の使用の合法性を確定しなかった。そし

I 核兵器禁止条約と核軍縮

表1　アジア太平洋諸国のNWPTへの投票結果

	賛成	反対	棄権	無投票
アジア太平洋諸国	26	0	1	11
うち、ASEAN 諸国	9	0	1	0
うち、太平洋島嶼国	9	0	0	3

注
1．これは国連のアジアグループとは異なる。西方ではアフガニスタン、パキスタンを含み、北方ではモンゴルを含むが、中東と中央アジアは除く。
2．シンガポールは会議と最終投票に参加し、棄権を選択した。核兵器を保有する4カ国である中国・インド・朝鮮民主主義人民共和国・パキスタンと、核の傘の3カ国であるオーストラリア・日本・韓国は2017年7月7日の投票には参加しなかった。
3．東ティモールはASEANと太平洋諸島フォーラムの間に位置し、実際は太平洋諸島フォーラムの準メンバーである。
https://www.un.org/disarmament/ptnw/participants.html. 2017年7月15日アクセス
従って、核兵器を保有する4カ国と核の傘の国3カ国を除けば、アジア太平洋の全体で、31カ国のうち、26カ国（84パーセント）が国連の核禁条約の採択に賛成票を投じている。例外の5カ国は、シンガポール（棄権）、モルディブ、ミクロネシア連邦、ナウルおよびツバルである。賛成票にはASEAN10カ国中9カ国、および太平洋の島嶼国12カ国中9カ国が含まれていた。
賛成した26カ国：アフガニスタン、バングラデシュ、ブータン、ブルネイ・ダルエスサラーム＊、カンボジア＊、フィジー＊＊、インドネシア＊、キリバツ＊＊、ラオス＊、マレーシア＊、マーシャル諸島＊＊、モンゴル、ミャンマー＊、ネパール、ニュージーランド、パラオ＊＊、パプア・ニューギニア＊＊、フィリピン＊、サモア＊＊、ソロモン諸島＊＊、スリランカ、タイ＊、東ティモール、トンガ＊＊、ベトナム＊、バヌアツ＊＊
＊ASEAN加盟国
＊＊太平洋の島嶼国

て第3に、各国は核軍縮に関して誠実に交渉し、合意に達する義務を持つことを確認することで、裁判官全員一致でNPT上の義務の本質をはっきりと強調した。

しかし、それから21年後、9つの核兵器保有国には依然として、より近代化され、改良され、あるいは増強された核兵器の運搬手段と共に、約1万5000発の核兵器が存在しており、いくつかの核兵器国は核兵器の増強を続けている（Kile and Kristensen 2017）。核兵器国は、第6条の義務に沿って誠実に行動し、自発的な決定や2カ国間の合意を通して、冷戦時から核弾頭の数を75〜80パーセント削減したと主張している。また、フランスとロシアは、おそらくは一連の再検討会議の中でその規範的な関連はすでに否定されているにもかかわらず

(Meyer 2016)、第6条と完全全面軍縮との関連を指摘している。言い換えるならば、NPTは核兵器国に、他のすべての締約国に課せられている禁止事項からの一時的な法的例外を与えたのである。何年もかけて核兵器国は、この一時的で条件付きの許可を、権利であり、永続的な正当性を持つものと読み替えてきた。核兵器国が核兵器の廃絶を拒否したことで、NPTは核兵器の禁止から不拡散の体制へと堕落した。NPTは、核弾頭を削減し、兵器の保有と配備を非合法化するための主要な規範的枠組みとしての役割を果たすことに失敗した。NPTの採択から50年間、多国間の合意を通して削減された核弾頭は1発たりともない。さらに、米ロ二国間での交渉も停滞しており、後退する危機に瀕している。

2010年のNPT再検討会議で合意された行動予定の履行実績について、原子力の平和利用および不拡散分野では、それぞれ勧告の50パーセントおよび33パーセントについて相当程度もしくは最大限の進展があったにもかかわらず、核軍縮分野では悲しいことに17パーセントのみ、とする評価がある。逆に、この3つの分野での勧告に関し、それぞれ0パーセント、17パーセント、62パーセントが全く実施されていないもしくはほとんど実施されていないとされた (Evans, Ogilvie-White, and Thakur 2015, 251-61)。言い換えれば、こういうことだ。核兵器国と核の傘国は、世界に向かって、核軍縮は核兵器を保有する国によってのみ実行できるものであると2016年から17年にかけて繰り返し指摘してきた。しかし、核軍縮は、NPTの成果として合意された公約の実行という点では、不拡散や原子力の平和利用と比べて極めて出来の悪い従兄でしかなかったのである。この研究は、次のように述べて、核兵器国の実績に関して、全体的に強い失望を表明している。「現在の保有状況、配備および戦力態勢、さらには核兵器の拡張、改良および近代化の計画に基づいて考えるならば、すべての核兵器国は十分な核戦力を無期限に維持することを決意している」(Evans, Ogilvie-White, and Thakur 2015, paragraph 1.33)。核拡散のさらなる、あるいは疑わしい事例が核軍縮の進展をより困難なものとしているとしても、核軍縮の進展の欠如は不拡散の方針を堅持することをより難しいものとしている。

［2017年］3月27日～31日および6月15日～7月7日の国連会議は、核軍縮

Ⅰ　核兵器禁止条約と核軍縮

交渉のために開催された唯一のものである。この国連による会議をボイコットした国々は、NPT締約国の3分の2の多数の支持によって正当に組織された多国間のプロセスを軽視した。NPT第6条は「各締約国」に対し、「効果的な」核軍縮へ向けて交渉することを求めている。ICJはこの要求を交渉の成立の要求にまで強めた。文面通りに受け取れば、日本の不参加はこの義務の不履行となる。

　NWPTはNPTの法的義務に一致し、また世界で最も権威があり独立した国際的な司法機関が1996年に示した勧告的意見の趣旨と文言を履行しようとするものだ。条約の前文には、

　　「国際人道法の諸原則及び諸規則、特に武力紛争の当事者が戦闘の方法及び手段を選ぶ権利は無制限ではないという原則、区別の規則、無差別攻撃の禁止、攻撃の際の均衡性及び予防措置の規則、その性質上過度の傷害又は無用の苦痛をあたえる兵器の使用禁止、並びに自然環境を保護する規則に立脚し、」

と謳われている。

　インド外務省のゴパル・バグレイ報道官は［2017年］7月18日に「この条約はいかなる意味でも慣習国際法の一部となったり、その発展に貢献したりすることはない」と述べた。報道官は、「インドはこの条約の締約国ではなく、この条約から発生するいかなる義務にも拘束されない」と強調した。インドはNPTの締約国ではないので、この見解はまったく正しいが、NPT締約国である日本やオーストラリアの立場はより不明確である。インドが1998年に核実験を実施した際に、オーストラリア、日本および他の国々は、インドがNPTにもCTBTにも加わっていないにもかかわらず制裁を科した。したがってオーストラリア、日本そして米国は自縄自縛に陥っていると言うことができる。

　NWPTは法的な拘束力を課すことはできないかもしれないが、非締約国に対しても法的な意味合いは持っている。何十年にもわたって逆方向の曖昧な「公約」をしてきたにもかかわらず、核兵器国は核抑止を恒久的な国家の安全保障ドクトリンとして定着させてきた。核兵器国は、NPTを、核兵器国による核兵器の保有を正当化する規範的枠組みであり、かつ、それ以外の国に対し

て不拡散を強制する主たる管理ツールであるとの独自の解釈を展開してきた。それに対し、NWPTの規範的な枠組みは、誰によってであるかを問わず、核兵器の保有、使用および使用の威嚇を明確かつ無条件に非難することから始まり、交渉による核軍縮への道筋を描くものである。正式に招集された多国間会議により作られた国連の条約として、NWPT は、市民社会による核兵器への非難に権威ある法的な支柱を提供している。

ブラジルのアロイシオ・ヌネス・フェレイラ外相によれば、「この合意は国際連合と多国間主義にとっての勝利」であり「このような兵器の存在を禁止すべしとの国際社会の大多数による歴史的な悲願の反映」である（Ferreira 2017）。となれば、核兵器保有国と核の傘国内の核兵器反対派は、NWPT の正統性を用いて、国内で支配的な規範的環境を変えることができる、ということになろう。NWPT に反対する国々は、その危険性を認識しているために、NWPT の交渉過程とその結果に激しく反発し、貶めようとしているのである。

5　道徳性

いくぶん直観に反するが、核をめぐる政治では、力と原則とが交差している。ほとんどの国は、人々が核兵器を非道徳的だとして圧倒的に忌み嫌っているために、核兵器を自粛する道を選んだ。核兵器は今までに発明されたものの中で、もっとも無差別で非人道的な兵器である。それが主に意図する抑止効果は、何百万人もの罪のない市民を殺すという脅しに立脚している。「恐怖の均衡」と正しく呼ばれているように、抑止とは国家によって公認された核テロの婉曲的な表現である。

5.1　核のタブー

1945年以降の核兵器の不使用は、強い道徳的なタブーによって主に説明できる。報復を恐れることなく核兵器を使用できる機会は何度もあったにもかかわらず、戦場での敗退という代償を払うことになっても、核兵器が使用されることはなかった。抑止ではなく規範が、核兵器の使用を道徳的に許容できない禁じ手としてきたのである（Tannenwald 2007）。規範の力は運用上の問題により

強められている。核兵器は、その破壊力のゆえに、軍事的あるいは政治的な利用価値を失っているのだ。核兵器の致命的な破壊力は、核戦争を戦っている国の指導者、兵士および市民だけではなく、人類全体の存続にとって脅威となっている。全面核戦争は地球を破壊するだろう。いったい、いかなる人間が神に代わってそのような決定を下す道徳的な権利を勝手に行使することができるのだろうか？

核兵器は、すべての文化や文明、宗教のあらゆる道徳的な行動規範の中心である戦闘員と市民との区別を破壊した。1980年代のアメリカのカトリック司教たちと今日のイランのアヤトラ［訳注：イスラム教シーア派の高位の宗教指導者の称号］たちは、核兵器がそれぞれの宗教において道徳的に禁止されているという点では一致している。武力紛争の中で、市民たちは常に襲われ、市民たちの権利と尊厳は様々なやり方で侵害されてきた。しかし、戦士たちの誇りを含む倫理的な行動規範は、そのような行為が許されるべきであるとは決して認めてこなかった。核兵器は、均衡性、戦闘員と市民の区別、不必要な苦痛の回避に関する義務の点から、決して戦争の枠組みに適応できないのである。

抑止という基本政策は道徳的に疑問の余地が大きい。抑止の限定的な有効性（空想家や夢想家だけがその絶対的な有効性を信じている）は市民の大量殺害を実行するという脅しに基づいている。1983年にカトリックの司教たちは、「厳格な条件付きで抑止論に道徳的な受容」を示した。2014年12月、さらにバチカン市国は「世界的な……連帯の倫理」は核兵器の廃絶によってのみもたらされる「道徳的に責任ある世界の未来」を志向していると論じた。さらに軍縮条約という「法的な義務」は「同時に道徳的な義務である」とした。一部に不拡散の義務を負わせ、他には同じ義務を課さないという「二重基準」は、「NPTが基盤とする普遍性を損なうものである」。そして核兵器への投資は、「社会正義に不可欠である」貧困の削減や開発のための資源を吸い出している（Holy See 2014）。

NPTは国家間の公平という基準を満たさない。核戦争による影響が全地球に及ぶのであれば、核兵器の備蓄、基本政策および使用が主権の行使に限定される問題であってはならないはずだ。核兵器の保有はたった5カ国にとっての

みNPT上合法であり、それ以外のすべての国にとってはNPT上違法であると核兵器国によって主張されている。

この分断は、したがって、「持つ者」が「持たざる者」に対して不拡散を強要しようとする偽善につながる。これは1998年に、インドとパキスタンが、自国が参加しているいかなる条約にも違反していなかったケースに当てはまる。国家が国際条約に参加を拒否した場合でも、その規範上の範囲には拘束されるという主張は、真に革命的なものだと言えよう。それは、たとえば、米国が国連海洋法条約や国際刑事法廷の管轄権に拘束されるというようなものであろう。このような急進的な立場を主張する米国大統領など存在しないはずだ。

最近ではイランに関し、この偽善が発動された。イランによる核兵器開発計画疑惑に関する不明瞭な点を解決するための交渉は「P5+1」[訳注:米ロ英仏中+独]によって主導された。P5は、核廃絶を公約してから50年、世界の核兵器備蓄量の約98パーセントを保有しているにもかかわらず、イランは一発たりとも入手してはならないと主張した。「+1」のドイツは、核兵器は保有していないが、国内に米国の核兵器を約20発保管しており、またNATOの核の傘の下に庇護されている。

二重基準は不拡散の規範の実施にもまとわりついている。イスラエルは核兵器を入手したことで、規範上の制裁に服したことはない。過去10年ほどの間に、多くの国は少しずつインドとパキスタンをも事実上の核兵器保有国として受け入れるようになってきている。このように、強制措置の程度については、イスラエル、インド、パキスタン、北朝鮮、イランと、序列がつけられている。

国々は単独あるいは共同で核戦争が人間に与える影響に対処する能力を持たないのであるから、核兵器保有国の指導者たちは、核戦争による惨害に対し対処する能力を持たないことについて市民に対して知らせる倫理的な義務を負っている。指導者たちがそのようにしないのは、それをすれば核兵器に対する人々の支持が急落しかねないからである。より皮肉な説明は、核戦争の恐怖は市民を感情的に国家安全保障体制に巻き込む操作を招きやすいというものである（Masco 2014）。核兵器とその基本政策に固執することで、指導者たちは、国

民を守る義務に違反しているだけでなく、自分たちを守り、生き残るために要塞を築き上げているのである（Graff 2017）。

NPT は5核兵器国により、5カ国の継続した核兵器保有の唯一の正統化原理として使われてきた。NPT からの大量の離脱は、保有国という法的な虚構を核保有国からはぎ取ることになるだろう。いったいどの時点で、非核兵器国が、NPT からの離脱が既存の行き詰まりを打破する手段として政治的に有効なだけでなく、道徳的に許容され、倫理的には責任ある行動であると結論付けることになるのだろうか？（Doyle 2009）

NWPT は、非核兵器国側が非難と禁止を通して長い間の目標であった核軍縮を試み、到達しようとする最後の努力である（Thakur 2017b）。その前文は「核軍縮を求める倫理上の要請があること及び核兵器のない世界を達成しかつ維持する緊急性」を認め、それが「最上位にある地球公共善であり、国及び集団双方の安全保障上の利益」としている。国連会議の議長であったコスタリカのエレイン・ホワイト・ゴメス大使によれば、「我々一人一人が、核兵器を禁止し、核兵器のない未来へと導く道徳的な要請を反映した手段を人類にもたらす歴史的な責任を負っている」[10]。

6　人　道　性

核の脅威に対する認識の高まりに、核武装国の妨害戦術とみえるものへの不満の強まりが相まって、人道性の原則に深く根付いた市民社会の活動家と有志国との強力な連合が作りだされた[F]。核兵器の使用が人間に与える帰結は、1950年代以来、核軍縮を求める活動の中で繰り返し現れてきたテーマであった。それは1990年代の核兵器の合法性に対する挑戦の主要な理由であった。NWPTは、道徳的に許容できない破滅的な破壊兵器に対する国際社会の集団的な反発を表現し、核戦争の可能性自体を人類文明に対する許容できないリスクとみなして違法化している。

この新しい動きの前提となる事実は、核戦争が人間に与える影響に対し、個別にも集団的にも対応する能力が欠如していることである。2012年10月22日の国連総会における34カ国による共同声明は、核兵器が人間に与える破滅的な帰

結は国際社会全体にかかわると主張した。核兵器はいかなる状況にあっても二度と使われてはいけない。「これを保証する唯一の方法は、……効果的な国際管理の下での全面的、不可逆的かつ検証可能な核兵器の廃絶であります」[訳注：RECNA暫定訳　市民データベース]。共同声明は2013年と2014年にも繰り返され、支持する国は155カ国まで増大した。

2013年から2014年にかけて、ノルウェー、メキシコ、オーストリアにおいて核兵器が人間に与える影響に関する3回の会議が開催された。ウィーンで開催された最後の会議の締めくくりとして、2014年12月9日、主催国であるオーストリアが単独で「核兵器の禁止及び廃棄に向けた法的なギャップを埋める」[訳注：RECNA暫定訳　市民データベース]ために志を同じくする国々と共に活動することを約束する「オーストリアの誓約」を発した。さらに127カ国が「核兵器を忌むべきものとし、禁止し、廃絶する」[訳注：RECNA暫定訳　市民データベース]ためのこの人道的な誓約に署名した。NWPTはこの誓約を実現するものである。

2015年12月7日、国連総会は「核兵器の禁止及び廃棄に向けた法的なギャップを埋める」作業を求める決議（A/RES/70/48）を採択した。この決議は、同じ日に採択された、公開作業部会を設置するとした人道的誓約に関する決議（A/RES/70/33）によって補強された。同部会は、3回にわたって会合を開き、次回の国連総会に報告するためのものであった。重要なことは、この公開作業部会は、ジュネーブ軍縮会議の決定を妨げている全会一致制ではなく、投票による決定を認めた国連総会規則に従って運営されると決定したことである。作業部会は2016年8月に、いずれ核兵器の廃絶へとつながる、法的な拘束力を持つ形での核兵器の禁止に関する交渉の開始の許可を国連総会に求める内容を骨子とした結果を提出した。この報告は2016年12月23日に適切に実行に移された（A/RES/71/258）。

NWPTは強い人道性の原則に明確に立脚している。その前文では「人類の生存、環境、社会経済的な発展、世界経済、食料安全保障及び現在と将来の世代の健康に重大な影響を与えること、並びに電離放射線がもたらす結果と相まって、女性及び少女に不均衡な影響を及ぼす」ところの「核兵器のいかなる

使用もそれがもたらす壊滅的な人道上の帰結」に対する深い憂慮を表明している。さらに「先住民に対する核兵器活動の不均衡な影響」を認めている。そして「核兵器のいかなる使用も人道の諸原則及び公共の良心に反するであろうこと」を再確認している。

7　行動への現実的な指針

　国際社会は、すでに生物および化学兵器という2種類の大量破壊兵器を全面的に禁止している。また、地雷やクラスター弾のように特に無差別で非人道的ないくつかの種類の通常兵器を禁止する条約を交渉してきた。もちろんすべての国がこれらの条約に署名しているわけでは決してない。クラスター弾の最大の使用者であり生産者である国や、最も大量に対人地雷を保有している国はこれらの条約の当事国ではない。しかし、それにもかかわらずこれらの条約は強い規範的な力を及ぼし、条約に加わっていない国々の行動にもきわめて直接的に影響を及ぼしている。CTBTはそのような好例を提供している。CTBTの発効には付属書2に記載されているすべての国が批准を済ませなければならないとする特異な要件は、条約を永遠に宙に浮いたままの状態にしかねないにもかかわらず、現在の（北朝鮮という唯一の例外を除く）自発的な核実験の停止は現実的に大きな影響を持っている。

　一連の国際的な委員会、キャンベラ委員会、東京フォーラム、ブリックス委員会、川口・エヴァンス委員会は、中心となる次の3つの命題を強く再確認してきた。いずれかの国が核兵器を保有する限り、他国も核兵器を欲する。核兵器が存在する限り、計画的、意図的ではないとしても、誤算、事故、不正な発射あるいはシステムの故障などにより、いつか再び核兵器は使われる。そのような使用は、どこであっても、どんなものであっても、地球に破滅をもたらしかねない。核兵器による危険が皆無であることを保証するためには、核兵器の保有をゼロにする以外にない。

　さて日本はどこにいるのだろうか？　世界的な核の秩序が古いNPTと新しい核禁条約の2つに分かれてしまった結果の1つは、核武装した猟犬と共に狩りを行いながら、核兵器に反対するウサギと共に走るという日本の歴史の根底

にある矛盾が明確に浮かび上がったことである。その結果、日本が世界でも指導的な軍縮支持派であるという信用を失ったことが2017年10月に明らかになった。日本は、24年連続でほぼ同じ内容の核軍縮決議案を国連に提出してきた。2017年に、日本が著しく後退した内容の決議案（L.35「核兵器の全面的廃絶に向けた新たな決意の下での共同行動」）を提出した際に、共同提案国の数は落ち込んだ。日本の決議案は10月27日に国連総会第一委員会で賛成144、反対4、棄権27で採択された。賛成票を投じた国の数は2016年の日本提出の同様の決議案と比べて、167カ国から23カ国減り、2002年の136カ国の賛成以来、最低となった。反面、棄権は2016年の15カ国から2017年は27カ国に増えた。2016年に日本の決議に賛成しながら2017年に棄権した国には、オーストリア、ブラジル、ニュージーランドなどが含まれている（Kanari and Matsuo 2017）。いくつかの国は棄権の理由として軍縮に対する責任の後退とNWPTへの言及の不在を挙げている（Acheson 2017）。日本の伝統的な地位の弱体化は日本国内でも注目され、批判された。

　これは日本が失われた信頼を回復するためのイニシアチブを早急に取る必要があることを示している。日本とオーストラリアによって共同で設立された12カ国のグループである軍縮・不拡散イニシアティブ（NPDI）による貢献は、具体的な成果という点ではあまり印象的ではない。その替わりに、あるいはNPDIに付け加えて、ここまで述べてきた分析に基づいて、日本には4通りの行動が選択肢として可能である。第1に、そして最も重要なことは、日本がNWPTにできるだけ速やかに署名することである。我々の知る限り、現存する日本の政策や行動の中には条約上の禁止事項に抵触するものはないので、ただちに署名することに障害はない。

　署名することで日本は、この論文で検討してきた5つの領域で正しい陣営に自国を置くことができるだけでなく、米政府に完全に従属しているという世界に広がった認識を是正し、その存在感を増すという大きな利益を得ることができるだろう。1945年以来の、人道的で非軍事的な国際主義という非の打ちどころのない実績があるにもかかわらず、日本政府の地域内での評判は3つの理由により損なわれている。①教科書をめぐる論争は、日本社会の相当数の人々が

依然として日本の侵略の事実や戦争中の残虐行為を直視することを拒否し続けているという不幸なメッセージを発信している。②A級戦犯が祀られている靖国神社を多くの総理大臣や大臣たちが参拝する慣行も同様に不利益を招いている。③感情を強く揺さぶる従軍慰安婦の問題は、日本と同じ米国の同盟国である韓国との強い関係にブレーキをかけている。これら3つの要因を合わせると、日本の責任あるリーダーたちが定期的に繰り返している謝罪の効果の大半を台無しにしてしまっている。NWPTに加わることで、日本は自国を地理的に正しいサイドに置き、これらの要因によって生じる否定的なイメージを幾分なりとも打ち消す一助となるだろう。

7.1 第一不使用

　第2に、日本は、第一不使用に関する世界的な条約の交渉のために、オーストラリアとイニシアチブを立ち上げることができる。これにより日本は、実際的には何も安全保障上の不利を被ることなく、むしろ多くの安全保障上および政治的な利益を得られる。日本とオーストラリアは、カナダやノルウェーのような他の伝統的に進歩的な国々と共に、この問題について、世界的な指導力を発揮するための財源および技術的、法的、事務的な能力を有している。

　この宣言的な政策の目的には、軍事的な計画立案者に知的な指針を提供し、敵を抑止し、同盟国や味方に安心感を与えることが含まれている。また、それらは抑止、不拡散、安全および不使用のような核兵器に関する世界的な規範をも形成する。特に、最後の不使用に関しては、核弾頭と精密通常兵器との間の戦略的な境界線がだんだんと曖昧になってきているという事実のために、激しい圧力の下に置かれるようになり、ツイッター好きのトランプ大統領によって、事態はより一層悪化しつつある。第一不使用政策は、戦略的な安定性を強化し、核兵器と通常兵器との間の規範的な境界線を補強し、核兵器のすべての最初の使用の非合法性を深め、核兵器の価値を低めることになるだろう。

　実際上、核兵器の第一使用は戦略的な論理性を欠いている。いかなる安全保障上の利益に照らしても、非核兵器国に対する核兵器の使用に伴う道徳的な激しい非難は割に合わないものとなるだろう。これは、英国の核抑止があるにも

かかわらず、なぜアルゼンチンが1982年にフォークランド諸島に侵攻したのかの説明になる。アルゼンチンは英国が核兵器の使用まで事態をエスカレートするはずがないと自信を持っていたのだ。核兵器を持つ相手に対しては、核兵器を先に使用すれば、核兵器による報復を招く。したがって、核の第一使用という方針は、賢明な政策ではなく、互いに自殺を約束するようなものだ。核兵器を持ち対立している国々はそれを知っているから、先に核兵器を使用するという脅しは真剣に受け取ってもらえないし、相手に真剣に受け取ってもらえないような方針が相手の攻撃を首尾よく抑止することなどありえないということになる。

　核兵器の第一使用という方針が第一使用を保証しないのと同様に、第一不使用という方針は第一不使用を保証しない。肝心なのは、リスクを低減する宣言や基本政策、態勢、配備である。第一不使用政策は、ヨーロッパのNATO同盟国の領土に米国が核兵器を前方展開する理論的な根拠を取り除くだろう。中でも、トルコに配備されたものは、2016年7月のクーデター未遂事件のさいには懸念材料となった（Cartwright and Blair 2016; Chalmers and Lunn 2010; Norris and Kristensen 2011; Podvig and Serrat 2017）。

　中国とインドという2つの核兵器保有国だけが現在、第一不使用政策を公約している。しかし、もし他の核兵器国がこの2カ国の例に追随しないのであれば、この2カ国も第一不使用を放棄し、核兵器を高い警戒態勢に置く可能性もある（Kulacki 2016, 1）。もし中国がロシアや米国の先例に従うようになれば、インドやパキスタンにそのような態勢が拡散するのにいくら時間がかかるだろうか？　対照的に、第一不使用の宣言によって示されるその意思は、核兵器の抑制的な体制によって支えることができる。もしすべての核兵器保有国によって採用されるなら、第一不使用は世界的な核兵器の抑制的体制の中核となるかもしれない。核戦力とそれを支える基盤は核攻撃を抑止するためにより適し、攻撃的な行動には向かない形に作り替えられることになるだろう。

　米政府が第一不使用を採用するのを阻んでいる重要な要因は、米国の核兵器の防護の傘の下での安全保障を求めているヨーロッパとアジアの一部の同盟国が神経質になっていることである（Rogin 2016）。たとえば、オーストラリアの

国防白書は「合衆国の核および通常の軍事的な能力だけが、オーストラリアに対する潜在的な核の脅威に対して効果的な抑止を提供できる」(Deparment of Defence 2016, paragraph 5.20) と述べている。米国の核の傘に対する日・韓の依存は、両国が北朝鮮および中国（そして北東アジア第3の核兵器保有国としてのロシア）と隣接していることから、よりいっそう強くなっている。

　グレゴリー・カラーキーは、ワシントンの日本大使館の4名の館員が、本国政府の関知しない間に、策定中の「核態勢の見直し」に対する勧告レポートを作成していた米議会の委員会に公式に具申を行ったと書いている。4名はオバマ政権に対し、北東アジア地域から戦術核兵器を撤去するとのジョージ・H・W・ブッシュ政権の決定を翻すように陳情した。4名は、通常の米議会の慣行の下では、議会への具申は公表されるということを認識していなかった。その具申が公表されると、日本政府に激震が走り、同政府は公式な対応を取ることを余儀なくされた。岡田克也外務大臣は2009年12月、拡大抑止の提供に関しては、「核兵器のない世界へ向けて前進するとの米大統領の目標と矛盾するような政策や戦略、兵器の維持を必要と」しないという書簡を送った（Kulacki 2013, 3）。しかし、2016年7月、安倍政権は米国が第一不使用を採用する可能性に関し、「受け入れられない」として、強い憂慮を伝えるためにワシントンと緊急に協議することを求めた。[16]

　このように、第一使用の方針は、それが抑止政策において何ら実際上の意味を持たないにもかかわらず、核の傘国に対し、戦略的な安心感を与えるという目的には役立っているのかもしれない。もしそうだとするならば、核の傘の下にある国は潜在的に致命的な幻想に取りつかれている。米国が何らかの紛争において核兵器を使う最初の国になるだろうと信じている同盟国は、マイケル・クレポンに言わせれば「虚構と心理的な支えにしがみついている」（Krepon 2016）ことになる。同盟国を防衛するために核兵器で武装した敵に対して核兵器を使用することは、米国に対する核による報復の危険を冒すことになる。とどのつまり、第一使用政策に対する信奉は、事実と向き合うことを避ける姿勢から来ているのである。核の傘は、巨大で力強い同盟という保護を提供するかもしれないが、実際の核の使用は、保護を終わらせ、その代わりに、想像しう

る限り最も破滅的な自滅的安全保障へと変化する。核抑止の限定的な効用は核による報復の確実性に立脚しており、第一使用に関するいかなる信念によるものでもない。クレポン（2016）が指摘しているように、パキスタンによる第一使用の態勢は、インドとパキスタンという対立する核兵器保有国間の限定戦争が1999年に発生することを防げず、その結果に影響を与えなかった。さらに、危険な事態に発展することも防止しなかったのである。

　第一不使用に関する2番目の反論は、不安になった米国の同盟国が独自の核へと走る危険性である。地域におけるナショナリズムの高揚や海洋における領土紛争、北朝鮮の核の暴走、米国の抑止に対する不信は、韓国と日本における核保有支持論を触発していきている（Sokolski 2016）。2016年9月の世論調査によれば、韓国人の60パーセントが、独自に核兵器を開発することに賛成している。[17] さらに、トランプ支持者たちは、韓国と台湾が核兵器を取得すれば、中国のけん制と、米国の東アジアからの部隊撤退が可能になるとして、トランプの米国第一主義外交の成功だとみなすだろう。[18] しかし、米国による核の傘の提供や、米国が原子炉への燃料を提供する代わりに核物質を兵器関連プログラムへ転用することを禁止する米国との二国間条約、NPTから脱退することによる外交および経済的に有害な悪影響は、核兵器を持たない現状を維持する有力な根拠となっている。

　一方で日本は2千発以上の核爆弾を製造するのに十分な11トンのプルトニウムを備蓄している。[1)] NPTは国際的に核の選択を規制しているにもかかわらず、米国の拡大核抑止は日本の安全保障に関する自信を強化しており、核兵器の開発はワシントンとの関係を引き裂き、地域での関係に悪影響を及ぼしかねない。国内的には、非核三原則（核兵器を持たず、作らず、持ち込ませず）[19] や、民衆のきわめて強い核アレルギー、原子力に関する活動を平和目的に限定する原子力基本法、法律・行政・科学・世論がそれぞれにもつ潜在的な拒否力（Hymans 2011）のために、兵器開発に対してはさらなる抑制がかけられている。

7.2　核兵器の警戒態勢の解除

　3番目に、日本は他の核の傘の同盟国と同じく、核兵器国と非核兵器国との

間の居心地悪い立場にある。この状況を逆に利用し、非核兵器国の懸念と核兵器国の政策や運用との間で橋渡し役を務めることもできるだろう。特に日本は、ロシアと米国に対し、すべての核兵器をただちに高い警戒態勢から外し、新戦略兵器削減条約（START）を延長し、核の近代化計画を中断し、挑発的な新しい配備を控え、さらなる核兵器の削減のための交渉を開始するように公開の要請を出すこともできるだろう。

第一不使用政策は、ロシアと米国が、1800発の核弾頭を警告即時発射可能という高い警戒態勢から外すうえで有益だろう。第一使用と同様に、このような慣行も冷戦時代の核態勢の遺物の好例である。第一使用政策の下で、米国の核弾頭は、1000のロシアの目標、500の中国の目標、北朝鮮と一部の非核兵器国の中の数十の目標に照準されている（Blair 2016）。高い警戒態勢にある核兵器が、過誤や不正、送られてくる情報の計算ミス、システムの誤作動によって発射される可能性は高くないものの、その影響は甚大である。世界は、レーダー画面上の小さな光点をきっかけに始まる全面核戦争の人質となるべきなのだろうか？　ミサイルの飛来警告から数分以内に発射可能なように核兵器を高い警戒態勢に維持することで、誤警報に反応した意図しない発射の危険性が生み出されている。国家安全保障問題担当補佐官は、約3分の間に大統領に情報を伝えることになるだろう。そして大統領は約10分の間にどのように対応するか決定することになるだろう。大統領は、15分から30分で飛来するミサイルという現実に直面し、恐怖とパニックを引き起こす極度の危機の最中に、早期警戒装置からもたらされる、おそらくは混乱し、矛盾し、誤っている報告に基づいて米国の核兵器の発射許可を決定することになる。

報復攻撃態勢に移行することにより、警戒態勢解除は、核兵器の軍事的な役割を軽減するための戦略的なステップとなる。さらにそれは、対立する核兵器国間の関係を、戦略的な対立から戦略的な協力へと変えてゆくためにも必要なステップである。それは核兵器があくまでも最終手段の兵器であることを確認するものである。さらに、核兵器を短時間で発射できる警戒態勢に置くことにいつまでも依存することは、他国の核への野心を正当化することにもつながる。したがって、警戒態勢を解除することには、不拡散のみならず、核軍縮や

危機管理の観点からも意義がある。また、警戒態勢を緩めることは、核兵器国間だけでなく、核兵器国と非核兵器国との間での信頼醸成措置にもなるのである。

　核兵器の使用に対する規範的なハードルを上げるだけでなく、第一不使用と警戒態勢解除は脆弱な地上発射型核弾頭の解体を可能にするだろう。ワシントンにある核脅威イニシアチブ（Nuclear Threat Initiative）［訳注：2001年にサム・ナンとテッド・ターナーにより設立された大量破壊兵器の使用を防止するための米国の組織］の報告書は、NATOの増強された通常戦力は「東方への信頼できる抑止として十分であり、また他の偶発的な事態に対しても柔軟性を発揮する」と結論付けている（Lunn, Williams, and Andreasen 2016, 1）。ペリー（2016）は、米国の陸上発射型の核戦力解体に関し、説得力のある議論を展開している。一度ICBMが発射されてしまえば、それを呼び戻すことはできないとペリーは指摘している。ペリーは、彼が研究・技術担当の国防次官であった1970年代にソ連のICBM200発に関する誤警報があったと振り返る。その知らせを電話で伝えてきた将軍は、その警報は誤りであり、なぜコンピューターが誤作動を起こしたのかを究明するために技術的な支援が必要であると大急ぎで説明したという。

　冷戦時代、ICBMは二重の目的を果たしていた。その当時、潜水艦搭載の核戦力はまだ十分な精度を有しておらず、ICBMがその埋め合わせをしていた。また、まだその頃は、潜水艦の戦力は敵の妨害攻撃に対しても脆弱であった。今日、残存性を有し、信頼かつ信用に足る抑止の決定的な構成要素は、事実上敵の攻撃に対して脆弱性を持たない戦略原潜である。潜水艦搭載の数百発の核弾頭は、すべての陸上発射型ミサイルの警戒態勢が解除された後でも、現状のままで十分すぎるほどの信頼と信用に値する抑止となるだろう。しかし、念のために米国は一群の爆撃機を維持することもできる。ペリーは、ロシアが同様に応じてくるか否かにかかわらず、この分析は妥当だと結論付けている。もしモスクワがミサイルの保有を拡大しようとしても、それは米国の核軍備と相対的な軍事力に影響を与えることはなく、単にロシアの経済に悪影響を及ぼすだけだとペリーは考えている。

同様の研究において、米空軍のB・チャンス・ソルツマン大佐とその同僚は、311発の核兵器だけで、米国はあらゆる自国の安全保障上および拡大抑止の必要性を満たすことができると計算している。内訳は、①それぞれ24基のミサイルを搭載可能な12隻のオハイオ級潜水艦に搭載される、探知が困難で残存性と精度の高い192発のSLBM、②100発の単弾頭ICBM、③B-2ステルス爆撃機に搭載される19発の巡航ミサイルである（Forsyth, Saltzman, and Schaub 2010）。

最後に、日本は、核に関する関係を安定させ、核の平和、安全およびセキュリティの強靭性を改善するために、ヨーロッパとアジア太平洋との間での最良の取り組みを紹介し合う努力を支援することができるだろう。たとえば、アジア太平洋地域は、実質的に原子力発電の規模が著しく成長している唯一の大陸であるにもかかわらず、地域的な原子力共同体が欠けているという特徴をもっている（Carlson 2013）。中国・インド・パキスタンの三角関係という特異な状況に適応したオープンスカイ協定［訳注：条約違反を監視するために、航空機による査察に対して領空を開放するという取り決め］を模索するように、これら三国は奨励されるべきである。このような方策はすべて、アジア太平洋における核の危険と脅威を和らげ、削減することに資するだろう。

【解説注】
A）　オランダは議会の指示に基づき会議には出席したが条約には反対票を投じた。
B）　しかし、2014年のウクライナをめぐる地政学的な緊張の激化は、意図しない核戦争の危険を増大させた（Berls and Ratz 2015）。
C）　これは後にNBCテレビのドキュメンタリー番組 *The Decision to Drop the Bomb*（1965）https://www.youtube.com/watch?v=ZuRvBoLu4t0 の中でも繰り返された。実はこれらの引用には二つ目の関連がほのめかされている。実験は「トリニティ」と命名されたが、ヒンズー教でトリニティとは、創造・維持・破壊の三神であるブラフマー、ヴィシュヌ、シヴァのことを指している。
D）　国際司法裁判所の勧告的意見の規範的な地位は、国連総会決議による引用の頻度によって強化される。
E）　フォード（Ford 2007）は、しかし、厳格、即時で法的拘束力を持ち、検証可能で強制的な不拡散条項に比べて、NPTの核軍縮義務は曖昧かつ貧弱であり、条約の本当の目的は不拡散であり、軍縮は政治的な甘言に過ぎないと論じている。2017年、フォード

F） 2017年のノーベル平和賞は、核兵器の「あらゆる使用による破滅的な結果に対する注意」を喚起することによる、10年におよぶ核兵器の「条約に基づく禁止を達成するための先駆的な努力」を認められて、核兵器廃絶国際キャンペーン（ICAN）に授与された。AFP, "Anti-Nuclear Campaign ICAN Awarded Nobel Peace Prize," *Japan Times*, October 6, 2017, https://www.japantimes.co.jp/news/2017/10/06/world/anti-nuclear-campaign-ican-wins-nobel-peace-prize/.
G） 4つの反対票は中国、北朝鮮、ロシア、シリアによるもの。
H） ヨーロッパの非核兵器国に配備されているNATOの核兵器の総数は、160－240発（ベルギー10－20、ドイツ20、イタリア70－90、オランダ10－20、トルコ50－90）。"Nuclear Sharing," *Wikipedia*, https://en.wikipedia.org/wiki/Nuclear_sharing#cite_note-RUSI-2010-3. も参照。
I） この数字には日本が英国とフランスに保有している35トンを超えるプルトニウムは含まれていない。

【出典】
Thakur, Ramesh. 2018. "Japan and the Nuclear Weapons Prohibition Treaty: The Wrong Side of History, Geography, Legality, Morality, and Humanity," *Journal for Peace and Nuclear Disarmament* 1（1）: 11-31. DOI: 10.1080/25751654.2018.1407579

〔翻訳：広瀬　訓〕

2

核兵器のない世界に向けて
―― Stigmatization と Delegitimization

黒澤　満

　人道的な観点から核兵器の廃絶を目指す核兵器禁止条約は、核兵器のstigmatizationをその考え方の基礎としており、核兵器のdelegitimizationにより核廃絶を目指す主張と異なるアプローチを示している。本稿ではその条約の背景と内容を検討し、条約におけるstigmatizationの内容および特徴を明らかにするとともに、核兵器のdelegitimizationの内容および特徴も明らかにし、2つのアプローチを比較検討する。両アプローチはそれぞれの理由、手段、安全保障の認識などは異なるものの、核兵器のない世界に向けての取り組みであるという共通の目的を保有しており、相互補完的であることを明らかにする。

1　はじめに

　本稿では、タイトルにも示されているように、2つの中心的な概念であるstigmatizationとdelegitimizationを英文で表記している。それらに日本語訳をあてはめると英語で行われている議論の正確な内容を反映できないからであり、その詳細な説明は次ページの注で行う。[A]

　核兵器禁止条約が2017年7月に賛成122、反対1、棄権1で採択され、同年9月に署名開放された。また同年10月に本条約の成立に中心的な役割を果たした国際NGOである核兵器廃絶国際キャンペーン（International Campaign to Abolish Nuclear Weapons=ICAN）にノーベル平和賞が与えられた。その事務局

長であるベアトリス・フィン（Beatrice Fihn）は条約の重要性と有効性を以下のように述べている。

> 核兵器を禁止することの意義は明確だ。核兵器はその本質からして非人道的で無差別だからである。核兵器禁止条約を交渉することは、そのような非人道的な結果を生じさせることに対するstigmaを成文化することである。核兵器をdelegitimizeする禁止は核兵器に対する規範を強化するのに大きく貢献するであろう。兵器をstigmatizeすることは、それは受け入れられないものであるとの認識を創り出す。核兵器禁止条約は、核兵器保有国がその所有を正当化し核兵器使用を計画することを一層困難にするであろう（Fihn 2017b, 43-50）。

またブラジルの代表も、核兵器禁止条約および核軍縮におけるその役割を以下のように高く評価している。

> 核兵器禁止条約は新たなモメンタムを生み出す役割を演じることができる。大量破壊兵器に関する法的ギャップを埋めることに加えて、禁止条約は核兵器国が［核不拡散条約］第6条を遵守するよう圧力をかけるであろう。それは核兵器をstigmatize

---

【解説注】

A）本稿の執筆に際して、本稿のタイトルに含まれる2つの中心的な概念、すなわちstigmatizationとdelegitimizationを英語で表記していること、および本文中でも英語で表記していることにつきその理由を以下に説明する。まずstigmaの意味は、「汚名、汚辱、恥辱、汚れ」であり、「奴隷や罪人に押した焼印、烙印」であり、stigmatizeは「汚名を着せる、非難する、指弾する」「焼印を押す」という意味であり、日本語では、「核兵器に悪の烙印を押す」あるいは「核兵器に汚名を着せる」というのが適切な訳であると考えているが、日本語として十分一般化しておらず、統一して使用できる最適な訳語が見つからないことから、国際的に議論されている英語で一貫する方が適切だと考えている。次に、delegitimizationであるが、元々のlegitimateとは「合法の、適法の、正当な」という意味であり、さらに「正統な」「道理にかなった」という意味であり、delegitimateは「適法性を否定する、非合法化する、権威（威信）を失墜（低下）させる」という意味である。ここで英語の表記を選択する主要な理由は、「適法・合法」と「正当・権威」といった2つの意味のどちらかを選択すると、他方が排除されることになり、国際的に行われている議論を正確に反映できないという理由である。論者によっては法的な観点から分析しているものもいれば、政治的あるいは道義的観点から分析しているものもいるのであるが、両者を包括する日本語が存在しないので、英語を使用することを選択した。

し、核抑止を delegitimize し、この種の兵器の存在に反対する人道的説明を再確認することにより、そうしているのである。(Patriota 2017)

以上の２つの声明に示されているように、核兵器禁止条約は、stigmatization と delegitimization の観点から積極的に評価されているが、条約の主要な議論は stigmatization の観点からのものである。stigmatization と delegitimization の双方の目的は同じであり、核兵器のない世界を実現する有益な方法を見出すことである。Stigmatization は新しい用語であり、主として核兵器禁止条約との関連で使用されているのに対し、delegitimization は過去20年ほど使用されている。

本稿の目的は、核兵器の stigmatization と delegitimization の概念を、それぞれの内容、目的、機能、特徴および安全保障に関する認識の側面より検討し、核兵器のない世界を追求するに際して、これらの概念がもつ有効性と有用性を見出すことである。

2　核兵器の stigmatization

2.1　核軍縮への人道的アプローチ

核軍縮への伝統的なアプローチは、国家的でかつ軍事的な安全保障をいかに改善し強化するかという考えに基づいていた。2010年核不拡散条約（NPT）再検討会議において、スイスの外務大臣は核兵器は役に立たず不道徳で違法であると述べつつ、「核戦争は共通の人類の生存そのものを脅かすものであるので、核兵器の使用の legitimacy に関する議論が開始されるべきである。軍事的および政治的考慮に加えて、核軍縮の現在の議論の中心に人道的側面を持ってくることがスイスの目的である」(Calmy-Rey 2010) と主張した。

2015年 NPT 再検討会議第１回準備委員会（2012年）において、スイスを中心に16カ国が「核軍縮の人道的側面に関する共同声明」を提出したが、それは以下のように述べていた。

> 核兵器がいかなる状況においても決して再び使用されないことがきわめて重要であ

る。このことを保証する唯一の方法は、効果的な国際管理の下における核兵器の不可逆的で検証可能な撤廃である。すべての国は核兵器を違法化し核兵器のない世界を達成するための努力を強化しなければならない（Joint Statement 2012）。

　同様の声明はNPT準備委員会および国連総会において、賛同国の数を増加させつつ引き続き採択された。2015年NPT再検討会議では同種の共同声明が159カ国を代表して読み上げられた。
　このアプローチを具体的に進展させるため、「核兵器の人道的影響に関する国際会議」が3度開催された。その目的は、核兵器の爆発の人道的影響に関する事実に基づく理解を提示することであり、国家、国連、その他の国際機関および市民社会とでこれらの影響について非公式な議論を進めることであった。127カ国の代表、国連、赤十字国際委員会および市民社会が、2012年3月にオスロで開催された第1回会議に参加した。2014年2月にメキシコのナヤリットで開催された第2回会議には146カ国が参加し、2014年12月にウィーンで開催された第3回会議には米国と英国を含む158カ国が参加した。
　これらの会議における発表および議論の主要なポイントは以下の通りである。国家も国際機関も核兵器の爆発により生じた即時の人道的緊急事態に対応できるとは考えられないこと、核兵器の使用は壊滅的な即時のかつ長期的な影響を与えるだろうという歴史的経験からの証拠があること、核兵器の爆発の効果が国境により限定されるということはありそうにないこと、爆発による即時の死と破壊および社会経済的開発への阻害および環境への損害という現実があるだろうということである。

2.2　「人道の誓約」

　2014年12月の「核兵器の人道的影響に関する国際会議」の最終日に、オーストリアはすべての人類の安全保障への懸念を強調するとともに、核兵器の法的議論を超えた道徳的および倫理的問題の重要性を強調した。さらに、オーストリアは、核兵器がいかなる状況においても決して再び使用されないことが人類の生存そのものの利益であると断言し、以下のような誓約を行った。

Ⅰ　核兵器禁止条約と核軍縮

（１）オーストリアはすべての者のための人間の安全保障の絶対的必要性に従い、核兵器から生じる危険に対して文民への保護を促進することを誓約する。
（２）オーストリアは、核兵器の禁止および撤廃のための法的ギャップを埋めるための効果的な措置を特定し追求するためにすべての利害関係者と協力することを誓約する。
（３）オーストリアは、核兵器の受容できない人道的結果および関連するリスクに照らして、核兵器を stigmatize し、禁止し、撤廃するための努力においてすべての利害関係者と協力することを誓約する（Austrian Pledge 2014）。

　当初、この誓約は「オーストリアの誓約」と呼ばれ、オーストリア一国の立場で表明されたが、後に多くの国に支持されるようになり、「人道の誓約」と名前が変えられた。この誓約の検討から明らかになることは、第１に人間の安全保障を強調しており、第２に法的ギャップを埋めようとしており、第３に核兵器を stigmatize し、禁止し、撤廃するために協力することを強調している。Stigmatization を検討する本稿の関連では、「核兵器を stigmatize する」と直接言及している第３の側面が重要である。
　Stigmatization を主張する基本的な理由または基礎が核兵器の非人道的で非道徳的な性質から生じていることは、人道的アプローチおよび「人道の誓約」から明らかである。2016年国連総会は、核兵器を禁止する条約の交渉を開始することを決定する「多国間核軍縮に向けて進む」ための決議を採択した。この決定は、核兵器の人道的側面を強調する「核兵器の人道的結果」の決議および「核兵器の禁止と撤廃のための人道的誓約」の決議を基礎としている。さらに、国連総会は「核兵器のない世界のための倫理的な絶対的必要性」に関する決議を採択したが、これは核軍縮のための倫理的な絶対的必要性と核兵器のない世界の維持が認識され、核軍縮に関する決定と行動に関する議論は、この兵器の人類に対する影響に焦点を当てるべきこと、および結果として生じる言葉で言い表せない被害により導かれるべきことを強調している。
　この観点から、核兵器の爆発の人道的影響および核兵器使用の被害者の受け入れ難い苦痛を議論する場合には、被爆者が考慮されることが重要である。核兵器禁止条約はその前文において、核兵器使用の被害者（ヒバクシャ）の受け

入れ難い苦痛を想起すると規定している。

2.3 Stigmatizationの概念

　ニーナ・タネンワルド（Nina Tannenwald）は核兵器のstigmatizationを「核のタブー（taboo）」の文脈で分析しており、そのタブーの発展における世界の反核運動、非核兵器国、冷戦の権力政治の役割を強調している（Tannenwald 2005, 7）。核の不使用という重要な先例が設定された核時代の最初の重要な15年および同じ状況が現在まで続いている時に、大国以外の国や非国家行動体が核軍備管理のために圧力をかけ核兵器の使用の禁止を要請することにより核兵器をstigmatizeしようと試みた（p.11）。彼女はタブーが発展した4つの道筋を明確にした。第1の社会的圧力は規範の変更のための下からの過程であり、第2は公的に核兵器をdelegitimizeする規範的権力政治であり、第3は、決定的に核の抑制を促進した個々の国家の政策決定者の役割であり、第4は長期にわたり反復された行動である規範的発展である（pp.12-13）。彼女はまた、反核運動は、核兵器に関するディスコースを変更させることにより、道徳的意識の向上に取り組むことにより、また核の規制を好む世論の支持を動員することにより、タブーの形成に貢献したと述べている（p.22）。

　ジェリアン・プレトイス（Joelien Pretoius）は、「核兵器禁止条約は核武装国が核兵器を放棄するよう強制できるツールであるとは思わないが、stigmatizeとは、ある物（ある者）が恥ずべきものであり、嫌悪すべきものであり、反対すべきものであるとの烙印を押すことを意味する。むしろ条約は核兵器をstigmatizeし、その使用に対するタブーを一層強化できるツールであり、軍縮のための条件を創り出すものである」と述べている（Pretoius 2017）。

　核兵器の非人道的性質のより深い理解から生じたstigmatizationの概念は、核軍縮への人道的アプローチがより一層受容されまた賛同されることによって強化されていった。同時に、核兵器の道徳的および倫理的側面が、核兵器のstigmatizationをアピールする1つの重要な側面として多くの場で強調されてきた。

I　核兵器禁止条約と核軍縮

2.4　核兵器禁止条約の主要な目的

　2013年という早い時期において ICAN は、「核兵器を stigmatize することの実際的な成果は何か」という質問に対して以下のように述べていた。

> 核兵器の禁止は大量破壊兵器の使用および保有に対する世界的なタブーを強化するであろう。それは核武装国に対し、核兵器近代化計画を停止するように、そして完全廃絶に向けて努力するように圧力をかけるだろう。それは核武装国の同盟国に対し、核兵器の無期限の保有に対する支持を終了するよう異議を唱えるであろう。要するに、それは核武装された世界の維持を支えるすべての者に対する異議となるであろう（ICAN 2013）。

　リーチング・クリティカル・ウィル（Reaching Critical Will）は、「核兵器を stigmatize することは核兵器禁止条約の1つのメリットであることを明確にし、特定の兵器体系を禁止することは、特定の条約の内容や署名をはるかに超える広範な倫理的基準設定の機能を果たし得るし、果たすものである。Stigmatization の効果は核兵器を人権および人道法の諸原則と両立しないものにするもので、国際社会において良い国だと見られたい政府にとってはますます魅力のないものとなる」（Acheson and Fihn 2013, 9）と述べている。

　ベアトリス・フィンはさらに以下のように主張している。

> すべての者にとって受容できないものであり不道徳であると宣言することによって核兵器を stigmatize することにより、国際社会は核武装国およびそれらの軍事同盟国に対して、核兵器のない世界という彼らがすでに実際に約束したことを実行するよう要求し圧力をかけ始めることができる。核兵器を禁止する新たな条約を交渉することは、たとえ核武装国の参加がなくても、そのような stigmatization を達成するための最も効果的なツールの1つになるだろう（Fihn 2017a）。

　これらの分析および声明からして、核兵器を stigmatize することがこのプロセスの当初から核兵器禁止条約の最も重要な目的あるいは要素の1つであったことが明らかである。

3　核兵器の delegitimization

3.1　核不拡散軍縮国際委員会報告書

核不拡散軍縮国際委員会（International Commission of Nuclear Non-Proliferation and Disarmament）は、2009年12月に『核の脅威を撤廃する：世界の政策決定者のための実際的なアジェンダ（Eliminating Nuclear Threat: A Practical Agenda for Global Policy-Makers)』と題する報告書を発表した。その主たる目的は、2010年NPT再検討会議でこの問題を議論するためであった。この報告書は、核軍縮をどのように進めるべきかという重要課題に取り組む際の不可欠な要素として「核兵器を delegitimize する」という問題を強調しており、それは核軍縮という重要課題に対応するための主要なテーマの1つとなっている。報告書において、「核兵器の役割と有用性に関する認識を変質させることが決定的に重要であり、戦略的思考において中心的な地位を占めている状況から、まったく周辺的なそして究極的には不必要と考えられるものに変えることが必要である」（Evans and Kawaguchi 2009, xix）と述べている。さらに、2025年までに実施されるべき具体的行動を伴う多くの措置が報告書の中で提案されている。

このプロセスはかなりの範囲ですでに開始されており、1996年の国際司法裁判所（ICJ）の勧告的意見により強化されていると報告書は述べており、以下のような3つの証拠を示している。

（1）核兵器が戦争遂行の道具としてはほとんど、あるいはまったく有用性を持っていないことは今では広く受け入れられている。核兵器は、通ることのできない土地を創り出し、長期的な環境損害を生じさせるので、領土を獲得するために使用することはできない。核兵器はまた、国際社会が巻き込まれている現在の紛争、すなわちアフガニスタンからコンゴまで、あるいは非国家テロリスト団体に対して、実用的に使用することはできない。

（2）核兵器の保有に対してはそうでないとしても、核兵器の使用に対しては強力なタブーが存在している。それは、きわめて無差別で不均衡な破壊を生じる兵器の使用に対しての重大な規範的制約であり、実際的な制約である。自国の国民、同盟国、およびより広い国際社会からの公的な支持に依存する行為者にとっては、核兵器は本質的に自己抑止するものとなる。

（3）構築すべき delegitimization の基盤はすでに存在している。それは最初からスタートすべきものではなく、過去10年間に失われたモメンタムを回復する問題である。核兵器の考えられる政治的役割がいかなるものであろうと、核兵器は主要大国の安全保障政策においてもはや最高のものではない（Evans and Kawaguchi 2009, 59-60）。

　核抑止を支持する見解および核兵器の抑止の有用性の短所について、報告書は以下のように分析している。
　第1に、核兵器は大国間の戦争を抑止してきたし、抑止し続けるという主張に対して、米国の指導者さらにソ連の指導者が特定の時期に実際に戦争を開始しようと決意したが、他国の核兵器の存在によってのみ思いとどまったという見解を支持するようないかなる証拠も存在しない。
　第2に、核兵器は大国間のいかなる大規模な通常兵器による攻撃をも抑止してきたし、抑止し続けるという主張に対して、米国、ロシア、中国、英国、フランス、インド、パキスタンおよび北朝鮮は大規模の攻撃になぜ遭わなかったのかは、核兵器の保有以外の他の理由によって説明することが可能である。
　第3に、核兵器はいかなる化学兵器または生物兵器の攻撃をも抑止するという主張に対して、これらの兵器は核兵器と同じような破壊的潜在力をもつものではない。
　第4に、核兵器はテロリストによる攻撃を抑止するであろうという主張に対して、核兵器は戦略的にも戦術的にもさらに政治的にもこの目的にとって必要でもないし有益でもない。
　第5に、拡大核抑止は同盟国に安心供与するのに必要であるという主張に対して、予見しうる将来において米国自身の核抑止は、彼らが経験するかもしれないいかなる核攻撃または核の威嚇に対して同盟国を保護するために拡大され続けるであろう。しかし、拡大抑止は、拡大「核」抑止を意味しなければならないわけではない。米国の通常兵器能力は、予想される攻撃国に対し、その核兵器により与えられるものと少なくとも同じ程度の信頼性のある抑止を構成している。
　最後に、軍縮に向けての大きな動きは本質的に不安定化させるものであると

いう主張に対して、要求されているのは核兵器の漸進的な delegitimization であり、国家がその安全保障政策において核兵器の役割を低減するため努力することである（Evans and Kawaguchi 2009, 61-68）。

報告書は、核抑止という中心的課題の妥当性を批判的に検討した後に、以下のように核兵器を保有するその他の正当化を検討し批判している。

第1に、核兵器は発明されているので廃絶することは意味がないという主張は、化学兵器や生物兵器のように核兵器を違法化することは可能であると反論される。効果的廃絶の2つの基本的な条件は、検証と強制の手続きである。

第2に、核兵器は匹敵するもののない地位と名声を与えるという主張は、核兵器の取得は、かつて持っていたような政治的名声への当然のルートではもはやないと反論される。

第3に、軍縮は必ずしも不拡散を促進させないという主張は、これはNPT第6条の下における核兵器国の義務を無視する立場であると述べることにより反論される。

第4に、核兵器は核武装国間の安全保障協力を禁止するものではないという主張に対して、主要核武装国が互いに向け合っている何千という核兵器を保有している環境でそのような強力な協力を想像するのは困難である。

第5に、核兵器は通常兵器より安価であるという主張に対しては、兵器体系の全ライフサイクルの費用を考慮するならば、計算は大きく異なる。

最後に、専門知識を維持するために核兵器の基盤的制度が必要であるという主張に対しては、効果的な検証およびその他の安全保障措置を確保するために最小限化および撤廃のプロセスを通して真の専門知識が必要とされる。

この報告書は委員会の76の勧告を含むものであるが、一般的な delegitimization は勧告2において以下のように議論されている。

勧告2　短期的および中期的な努力は、核兵器の一般的な delegitimization を達成することに焦点を当てるべきであり、以下の特徴をもつ「最小限地点（minimization point）」に出来るだけ早急に、遅くとも2015年までに達成すべきである。

（a）数の低減：2000弾頭（現状の10％以下）を超えない世界

(b) 合意されるドクトリン：各核武装国は核兵器の第一不使用を約束する
(c) 信頼できる戦力態勢：そのドクトリンを反映する検証可能な配備と警戒態勢（Evans and Kawaguchi 2009, 77）

　この勧告における内容は、他の勧告において具体的な情報に基づいて練り上げられ詳細に規定されている。勧告42においては、最小限地点の目的は、2015年までに世界的には2000以下の核弾頭とし、米ロはそれぞれの弾頭を500に削減し、他の核武装国は核兵器を少なくとも増加しないと述べられている。
　勧告49は、核兵器の究極的な撤廃に至るまでの間、すべての核武装国は明確な「第一不使用」宣言を行い、核敵国に対し防止的であれ先制的であれ核兵器を使用しないことを約束し、自国または同盟国に対する核攻撃に続く報復という方法による使用または使用の威嚇にのみ利用可能なように維持することを規定している。
　勧告53は、新たな明確な消極的安全保証（NSA）がすべての核武装国により与えられるべきことを提案しており、それは彼らが非核兵器国に対して核兵器を使用しないという拘束力ある安全保障理事会決議により支持されるものである。
　勧告54では、すべてのNPTの核兵器国はすべての非核兵器地帯のための議定書を署名し批准すること、および他の核武装国はそれぞれに対して独立したNSAを発表すべきことが提案されている。
　勧告57は、軍縮に関する真の進展をもたらすことのできる戦略的対話を達成するために、核ドクトリンと戦略態勢の両方において最大限可能な透明性がすべての核武装国により提供されるべきことを提案している（Evans and Kawaguchi 2009, 171-181）。

3.2　ジェームズ・マーティン不拡散研究センター報告書

　モントレー国際大学ジェームズ・マーティン不拡散研究センター（James Martin Center for Nonproliferation Studies, Monterey Institute of International Studies）の報告書『核兵器を delegitimize する：核抑止の妥当性の検討（Delegitimizing Nuclear Weapons：Examining the Validity of Nuclear Deterrence）』は2010年NPT再

検討会議の折に刊行された。この報告書刊行の主たる目的は以下のように記述されている。

　核兵器を撤廃するためには、われわれはまず核兵器の安全保障体系を分析批評し、核抑止および核兵器を取り巻く信念を検討し、核兵器に割り当てられている価値を取り除かなければならない。Delegitimization のプロセスは、価値剥奪のプロセスにより核兵器の法的および legitimate な地位を無効にすること、すなわち legitimacy、名声および権威へのすべての主張を減少させ、破壊することを必要とする。

　報告書では特に核抑止が以下のように批判されている。核抑止はきわめて危険な戦略であり、事故および無認可の攻撃という結果をはらんでおり、拡散を促進するものであり、かつ歴史的証拠に基づかないものである。小さな間違いも核兵器の場合には許されないものである。抑止は核兵器について最も共通に受け入れられている性質であり、核兵器をめぐる議論において、核兵器の支持者と軍備管理の支持者がともに妥協できると考える領域である。しかし核抑止を支える真の証拠が乏しい中で、核抑止がそれほどまで広く受容されているのは驚くべきことである（Berry et al. 2010, vi）。

　結論として、核兵器の delegitimization は以下のように強調されている。核兵器の delegitimization は核兵器の使用を防止し、核軍縮を達成するのに基本的に必要なものである。Delegitimization は価値剥奪のプロセス、すなわち legitimacy、名声および権威に対するすべての主張を減少させ、破壊するプロセスである。Delegitimization は核抑止の議論の核心に関するものである。核抑止が効いているという証拠は十分ではない。核兵器は今日の世界において特に有益であるという訳ではないし、国際テロリズムおよび貯蔵された古くて老朽化した核兵器という形によりこれまでの危険を一層増加させている。核兵器は、非人道的であり無差別であり受け入れ難い障害の原因となるので、戦争における兵器としていかなる固有の legitimacy をも持つものではない。核兵器が保有していた抑止の legitimacy は冷戦思考のゲームの中で与えられたものであり、その時期はすでに過ぎ去った。Delegitimization は自ら強化されていく努力であり、抑止による威嚇の信頼性に影響を与え、核兵器の使用および使

用の威嚇の両者の不道徳性を改めて述べることを可能にするだろう（Berry et al. 2010, 69）。

　本報告書では、核兵器の delegitimization に深く関係する諸問題に関するさまざまな研究が記述されているが、それらは以下のように要約できる。

　第１に、広島および長崎の破壊が1945年に太平洋戦争を終結させたのではなく、むしろ８月８日のソ連による戦争宣言が戦争を終結させたということには明確な証拠がある。日本における最近の歴史的研究およびソ連のアーカイブからのそれほど最近ではない研究は、広島および長崎の破壊は日本の参謀本部および政府の戦う意思に大きく影響しなかったことを示している。むしろ1945年８月８日のソ連による戦争宣言が太平洋戦争を終結に導いた。なぜならその時点になって日本は、２つの前線で同時に戦う状況では勝ち目がないことを悟ったからである。

　第２に、一般的に信じられていることとは反対に、核兵器は冷戦期において平和を維持するにあたっての要であったという証拠は存在しない。核による威嚇は、核抑止が強力に働くべき状況においてさえ、通常兵器、化学兵器または生物兵器による攻撃を防止しなかったという疑いのない証拠が存在している。核兵器は、第２次世界大戦の後の数年間にソ連が東欧の大部分を占領し保有するのを防止しなかった。中国共産党が米国が核兵器を保有しているにもかかわらず勝利した場合にも、核兵器は中国での出来事に何の影響も与えなかった。さらに、米国の核兵器は、朝鮮戦争およびベトナム戦争の両方において何の力も持たなかった。

　第３に、核兵器は力の象徴となっており、今日でも地位を提供するものとなっているが、新たな異なる地位の象徴が将来明確になりうることもあろう。核兵器に関する多くの考えの基本的な誤りの１つは、核兵器が、その結末を無視しつつ、手段として過大に印象づけられているところにある。核爆発は恐れを喚起するものであり圧倒的な出来事であるので、このことが起こるのは驚くべきことではない。しかし、核兵器は十分長い間存在してきたためこのような常識が広がったのである。

　最後に、核兵器およびその使用は、現存する国際人道法および慣習国際法の

下で一般的に禁止されている。国連憲章およびジュネーブ諸条約から引き出されるいくつかのルールは、兵器の使用に関して以下のことを要求している。
- 当初の攻撃に対して均衡の取れたものでなければならない。
- 効果的な自衛のために必要でなければならない。
- 文民および民用品に向けられてはならない。
- 軍事目標と文民の非目標を差別できる方法で使用されなければならない。
- 戦闘員に不必要な過剰な苦痛を与えてはならない。
- 紛争当事国でない国に影響を与えてはならない。
- 環境に対し広範で、長期的なまたは深刻な損害をもたらしてはならない。

核兵器はこれらのルールのそれぞれに違反している（Berry et al. 2010, 13-36）。

核軍縮を達成する1つの方法として、一般大衆を巻き込むことが、核兵器を delegitimize することを成功させるための最も有効な要因として認識されている。軍縮プロセスにおいて国際的な大衆の政治的支持を動員し継続し続けることは、核兵器のない世界に向けての道程の進歩のための最も基本的な前提条件である。同じ志を持つ国家の代表的な中核団体が、不使用条約に関するような協定を交渉する並行したプロセスを開始することができるだろう。今や議論を開始し、核抑止は21世紀における国際安全保障の妥当な枠組みではないという可能性を検討する時期である。われわれがまだ機会をもっている間に、核兵器を撤廃する取決めを作成する時期である。

3.3 その他の主張

第1に、2010年12月に国連で開催された核兵器の delegitimization に関するパネル討論において、ランディ・ライデル（Randy Rydell）は、核兵器を delegitimize することにつき以下のように述べた。

> 核兵器の全体の大事業は多層の基盤の上に成り立っている。第1の層は「利益」と呼べるもので、物質的および政治的利益と核兵器の永続化に利益をもっている人たちを代表する制度的支援団体から構成されている。第2の層は「アイディア」として知られているもので、核兵器に関する考え方を形成しているアイディアの力である。ここには、核抑止理論、発明されたものは廃絶できないというような神話、および一層

の拡散を防止し、他の種類の大量破壊兵器ならびに通常兵器の使用を防止するという核兵器の価値の主張、核兵器が持つと考えられる名声の価値、同盟関係における核兵器の宣言された価値などが含まれる。将来の核兵器の撤廃のための処方箋は、核兵器を支えるこれらの制度やアイディアのすべてを含む上部構造を撤去することの必要性である。したがって、その上部構造の基礎にある弱点に取組むべきである（Rydell 2010, 3）。

第2に、アマンディープ・ギル（Amandeep Gill）は、『核軍縮に向けて delegitimization の道を進む』という論文の中で、delegitimization とは legitimacy、名声または頑なに守られているアイディアや目的に関する権威を傷つけ破壊することであるという定義を採用しつつ、もし核兵器が現在において政治と安全保障の確立された通貨であるならば、核兵器を delegitimize することとは核兵器の価値を剥奪し、ますます価値のないものにしていく多くの行動やプロセスを意味すると述べ、それは、核兵器廃絶という「頂上」への道筋にある「ベース・キャンプ」であり、そこでは核兵器の不使用という現在の伝統が一層強化され、その結果核兵器の使用および核の威嚇が国家権力の道具としては delegitimize されると述べている（Gill 2009）。

第3に、ジャック・メンデルソーン（Jack Mendelsohn）は、2006年の『核兵器を delegitimize する』という論文において、次期政権に対して、米国はきわめて例外的な状況以外では核兵器の使用を禁止すべきであることを先導すべきであると提案している。彼は、次期政権が米国は核兵器を戦争の legitimate な兵器とは考えず、敵国が使用しない限り使用しないと宣言すべきであり、米国の第一使用政策は核兵器に与えられる価値と名声を強化するものであり、他国に核兵器を開発しないよう説得する米国の努力を損なうものであるので、delegitimization のもう1つの重要な側面として、他国による核兵器の使用に対する報復の場合を除き核兵器の使用を禁止するよう国際社会に対し主張すべきであると述べている（Mendelsohn 2006, 14）。

第4に、リーチング・クリティカル・ウィルは、核軍縮に向けての1つの方法は核兵器の delegitimization であると主張し、あるものを delegitimize するためには、その役割と有用性に関する認識を変えること、すなわちそれが中心

的な戦略的地位を占めている状態からその役割は不必要で好ましくないものと見られる状態に変えることが決定的に必要であるとする。甚大な大災害がないのは核抑止の成果ではなく、単なる幸運であること、核兵器の無差別な性質は国際人道法違反であり、核兵器は戦争の道具としてはほとんどあるいはまったく有用性を持たないと述べ、今日核兵器を廃絶するためには、国家安全保障上必要とされる中心的戦略道具としてのその役割は定義し直されるべきであり、安全保障問題は人間の安全保障に主たる焦点を当てたものでなければならないと主張している（Reaching Critical Will 2010）。

最後に、ウォード・ウィルソン（Ward Wilson）は核兵器の価値を批判的に検討し、従来の伝統的なアイディアや認識は神話に過ぎないと述べ、以下の5つのことは事実ではなく神話であるとして深く検討している。（1）第2次世界大戦の終結における日本を含め、核兵器は必然的にショックを与え、敵を圧倒する。（2）核抑止は危機において信頼できる。（3）壊滅により戦争に勝利する。（4）核兵器が65年間平和を維持した。（5）核の悪魔は瓶に戻すことはできない（Wilson 2013）。彼は delegitimization という用語を使用していないが、彼の分析は核兵器の delegitimization に深く関わっている。

3.4　Delegitimization の意義

基本的に delegitimization とは、確立されたアイディアまたは目的の legitimacy、名声または権威を低下させまたは破壊することを意味する。核兵器の delegitimization とは、核兵器の役割および有用性に関する認識を、戦略思考において中心的な役割を占めるものから、まったく周辺的なものであり、究極的にはまったく不必要なものであるとみられるものに変えることである。Delegitimization のプロセスは、核兵器のもつ価値の剥奪のプロセスを通じて核兵器の合法的または legitimate な地位を無効にすることを必要とする。Delegitimization は核兵器のない世界に向けて進むための不可欠な前提条件である。

核兵器の delegitimization の基礎は、核兵器に関する現行の言説、アイディアおよび認識ならびに核抑止の再検討である。最も重要な課題は核抑止であ

る。それは国家安全保障を確保するための最善の方法であるとして核兵器を維持するというアイディアを支えている基本的な概念となっているからである。しかしこれらの諸問題が批判的にかつ現実的に検討されるならば、核兵器および核抑止に関する強力な認識またはアイディアは論理的および現実的な基礎を持たないように考えられる。

核抑止に関しては、核兵器が大国間の戦争を抑止したという明確な証拠は存在しない。核兵器が通常兵器による攻撃を抑止したという主張には、明らかに証拠が存在しない。逆に非核兵器国が核武装国を攻撃した多くのケースが存在している。核抑止がテロリストによる攻撃にはまったく働かないことには一般的な合意がある。抑止は核兵器を維持するために最も一般的に受け入れられている考えであるが、これを支持する現実の証拠はきわめて限定的である。

核兵器を維持するためのその他の理由、たとえば悪魔は瓶に戻らないといった神話、核兵器に対し一般に考えられている名声や地位の価値、同盟関係において宣言されている核兵器の価値などは、核兵器を取り巻く現在の状況を踏まえて再検討される必要がある。このプロセスにおいては、戦略的および軍事的側面のみならず、人道的および道徳的な側面に関して核兵器の価値に疑問を呈する研究や主張から学ぶこと、および核兵器に対するタブーを考慮することが必要である。

核兵器を delegitimize するために、以下のような措置をとることが勧告されている。第1は核兵器の第一不使用政策の採用である。この措置は核抑止を否定するものではないが、他国が核兵器を先に使用した場合にのみ核兵器を使用できることを確保するものである。第2は米国とロシアによる核兵器の削減であり、他の核兵器国もそれに従うことが期待されている。第3は非核兵器国に対して、可能なら法的拘束力ある形で、より強力な消極的安全保証を提供することである。非核兵器地帯の議定書に対する批准は第4の措置であり、第5として、発射のための政策決定時間を長くすること、および警告即発射の警戒態勢を除去することによる、核兵器の警戒態勢の低下または解除がある。さらに多くの他の措置もあり得るので迅速に検討されるべきである。

4 核兵器のない世界に向けての2つのアプローチ

核兵器のない世界に向けての2つのアプローチ、すなわち核兵器のstigmatizationとdelegitimizationが本稿ではさまざまな角度から議論されてきた。2つのアプローチはある側面では似たものであるが、他の側面では大きく異なっている。したがって2つのアプローチを比較検討し、一方が他方といかに異なるのか、また両者はどのような関係にあるのかを明らかにすることが必要である。それぞれの主張におけるその主要な目的、そのアプローチを採用する理由、その目的を達成するための手段、その安全保障の概念、その提案の有効性、および核抑止との関係を以下に検討する。

4.1 目　　的

第1に、核兵器をstigmatizeする目的は、核兵器のstigmatizationを通じて核兵器のない世界を現実のものとすることである。核兵器のない世界を創造するためには核兵器をstigmatizeすることが不可欠であるというアイディアには強い支持が存在している。この主張の支持者達は、核兵器をstigmatizeすることにより核兵器に対する人々の見解を変えることが基本的に必要であると考えている。他方、delegitimizationの支持者達は、核兵器のない世界を創造するためには、核なき世界への論理的プロセスとして核兵器の役割の低減を中心とするdelegitimizationが必要であると主張している。結論的には、これらの2つのアプローチの目的は同じであり、核兵器のない世界を達成するという目的である。

4.2 理　　由

第2に、それでは、核兵器のない世界を追求するという同じ目的をもつ2つのアプローチは、それぞれのアプローチを採用した理由にどのような違いがあるのだろうか。核兵器のstigmatizationの支持者たちの議論は、核兵器の人道的側面に焦点を当てている。彼らの出発点は、核兵器の爆発の壊滅的な人道的結果の認識である。核兵器はいかなる状況においても決して再び使用されない

ことが人類の生存そのものの利益であると彼らは考える。このことは核兵器の完全な撤廃を意味している。核兵器を stigmatize する基本的な理由は、核兵器の非人道的な性質である。さらに、核兵器は道徳的および倫理的な観点からも批判されている。彼らは核兵器は無差別であり人類全体を破壊する力をもっていると主張している。これらの視点からして、核兵器は正常な兵器体系とは考えられていない。

それに対して、核兵器の delegitimization の支持者達は、核兵器を支えている主要な論理である核抑止は、完全に誤ったあるいは現実の状況の間違った理解に基づくアイディアまたは認識に基礎を置くものであると主張している。彼らは、神話にではなく現実に基礎を置いて安全保障問題を考えるべきことを要求している。彼らは、核抑止が核武装国間で働いたとする明確な証拠がないこと、非核兵器国が核武装国を攻撃した多くの例があること、核抑止はテロリストには効かないだろうことを主張している。さらに、意図的でない核兵器の使用や核関連施設へのサイバー攻撃など追加的な核のリスクが増加していることをも指摘している。核兵器の delegitimization の支持者たちの理由は、主として核抑止に関して間違った認識に基づいているというところにある。Stigmatization は人道的懸念に焦点を当てており、他方 delegitimization は軍事的および政治的懸念に焦点を当てている。

4.3 手　段

第3に、2つのアプローチは同様の目的をもつものであるが、それを達成するための手段はどう異なるのだろうか。核兵器の stigmatization を実現する有力な方法は、核兵器禁止条約の締結である。この条約は、国際市民社会からの強い支持を受けた同じ志をもつ非核兵器国により提案された。条約の中心的な規定は、核兵器の使用および保有の禁止である。条約は非核兵器国のみにより交渉された。核兵器を保有する諸国は条約に強く反対し、今のところ彼らが条約に参加する可能性は存在しない。しかし核兵器の stigmatization の支持者達は、条約は核兵器の stigmatization を通じて核兵器は受容できないものであるとの認識を生じさせると主張している。

それに対して、delegitimization の支持者たちが提案している手段は、核兵器の完全な撤廃のための前提条件となりうる具体的な措置である。核兵器の delegitimization のために提案されている主要な措置としては、核兵器の第一不使用政策の採択、核兵器の削減、非核兵器国へのより強化された消極的安全保証の提供および核兵器の警戒態勢の低下や解除がある。これらの措置は国家安全保障政策やドクトリンにおける核兵器の役割の低減をもたらすであろう。オバマ前米大統領は核兵器の役割の低減を強く主張しており、米国政府内においてはこの問題に関してさまざまな議論が行われてきた。2つのアプローチにおいて実施される手段は大きく異なっている。一方において、核兵器禁止条約はどちらかというと抽象的であり長期的なプログラムである。他方、delegitimization のための諸措置はきわめて具体的であり、短・中期的な目標となっている。

4.4 安全保障の概念

　第4に、2つのアプローチが「安全保障」について語る時、それぞれが意味している内容が異なっている。Delegitimization の場合には、安全保障は「国家の軍事的な安全保障」を意味しており、それは国際関係および国際の平和と安全保障に関する研究において伝統的に議論されてきたものである。他方、stigmatization の支持者達は安全保障とは国家の軍事的な性質のものであるとはみなさず、「人間の安全保障」あるいは「人類の安全保障」とみなしている。「人道の誓約」はすべての者のための「人間の安全保障」という絶対的必要性に言及しており、核兵器禁止条約の前文は、核兵器から生じる危険は「すべての人類の安全保障」に関わると述べている。この点に関して2つのアプローチはきわめて異なる見解を示している。新たな傾向として、stigmatization の支持者たちは、核兵器は一国への危険ではなくすべての人類に対する危険であることから、人間の安全保障および人類の安全保障を強調している。

　国際社会において、安全保障の概念は垂直的にも水平的にも拡大されつつあるという一般的な傾向がみられる。垂直的には、この概念は国家的安全保障以外に、世界的なグローバル安全保障および人間の安全保障を含む形で拡大され

ており、水平的には、軍事安全保障以外に、環境安全保障、エネルギー安全保障、経済安全保障、食糧安全保障、水の安全保障などを含むように拡大されつつある。この概念が拡大されつつあるということは、新たな領域の安全保障が伝統的な国家の安全保障と同様に重要であるということを意味している。国際関係における主体あるいは分野の重要性の価値判断は、非国家的および非軍事的な課題を一層強調する方向に移行しつつある。

4.5　有　効　性

　第 5 に、それぞれのアプローチの有効性は、利害関係者の将来の行動に依存している。Stigmatization の場合には、核兵器禁止条約が採択されたので、近い将来には発効するであろう。条約の採択には122カ国が賛成しており、条約発効のためには50カ国の批准が必要とされている。条約の採択や発効が、stigmatization の目標の成功を意味するわけではなく、それは核兵器の stigmatization の出発点である。利害関係者としては、核兵器の廃絶を促進するこの条約を支持する市民社会および国家であるが、それはさらに現在のところ条約に反対している米国、欧州諸国、日本、オーストラリアなどの民主国家において核兵器に反対する強い世論を作り出すことを目指している。これらの国家において反核政策を促進するには長い時間を要するであろうし、条約の支持者には核兵器を stigmatize するために一層の努力が必要であろう。ロシアや中国、その他の国では状況は一層厳しいものと思われる。Stigmatization の促進が、核兵器禁止条約に規定されたもの以外の領域で実際的で具体的な核軍縮運動を刺激することもあり得るであろう。

　Delegitimization の場合には、利害関係者としては、市民社会のみならず、非核兵器国、核の傘の下にある諸国、さらに核武装国が含まれるであろう。Delegitimization の下で提案されている措置はきわめて広範であり多様であるので、どの利害関係者もそれらの実現に向けて努力することができるだろう。たとえば、米国はオバマ大統領の「核態勢の見直し」（NPR）で新たな消極的安全保証政策を採用したし、大統領の 2 期目の最後に、第一不使用政策の採用の機会を窺っていた。これらの措置は、NPT 第 6 条が締約国に対して交渉を

継続することを義務づけている具体的な核軍縮措置とみなすことが可能であろう。

4.6 核抑止

第6に、核抑止は、核兵器保有国が核兵器を維持し改良するための最も重要な正当化の根拠となっている。また核抑止は、核兵器に対する賛成と反対の主要な焦点となっている。核兵器を所有している諸国および核の傘の下にある諸国は、彼らの国家的安全保障のために核抑止が重要であることを常に主張している。核抑止への反対の主張は、2つのアプローチに共通する視点である。

しかし、核抑止と2つのアプローチのそれぞれとの関係は異なっている。Stigmatization のアプローチは、核抑止のみならず核兵器の存在そのものをも否定し、核兵器の廃絶を直接求めている。Delegitimization のアプローチは、核抑止が核兵器の有用性のもっとも顕著な側面であることから、核抑止に焦点を当てている。したがって、このアプローチは、主として核抑止を非難することによって、国家安全保障政策における核兵器の役割を低減させようとしている。この支持者たちは、核兵器を delegitimize するために核兵器の数を削減することおよび一定の核兵器関連活動を禁止することを主張している。これは、核兵器を delegitimize することにより核廃絶に向けた漸進的な試みである。

5 結 論

上述の2つのアプローチは共通の目的を持ちながらもその理由や手段が異なる。しかし両者は対立するものでもなくお互いに排除するものでもないととらえるべきである。両者の目的は共通であるので、2つのアプローチの関係は補完的なものととらえるのが適切である。それぞれの理由や手段の違いは相対的なものである。たとえば、核のタブーという問題は両方のアプローチにおいて議論されている。これらの2つのアプローチは、相対的に異なるアイディアおよびプロセスによって同じ目的を追求しているものである。本質的に、stigmatization は人道的側面および道義的側面を強調しているのに対し、delegitimization は政治的および軍事的側面を強調し、核兵器の有用性を疑問視して

いる。Stigmatization は主として人間の感性に訴えているのに対し、delegitimization は主として人間の理性に訴えるものとなっている。Stigmatization は人間の安全保障および人類の安全保障を強調しているのに対して、delegitimization は国家の安全保障および軍事的安全保障を強調している。それぞれがどの側面を強調しているかに関しては違いが存在しているが、両方のアプローチの目的は同一である。したがって、両アプローチは核兵器のない世界を目指してそれぞれの努力を継続すべきである。2つのアプローチは、より良き成果を生み出すため、お互いに補完的に機能するものである。

【出典】

Kurosawa, Mitsuru. 2018. "Stigmatizing and Delegitimizing Nuclear Weapons," *Journal for Peace and Nuclear Disarmament* 1（1）: 32–48. DOI: 10.1080/25751654.2017.1419453

〔翻訳：黒澤　満〕

3

核兵器禁止条約はこうして実現した
―― 国境を超える市民社会の力

ベアトリス・フィン
インタビュアー　目加田説子

　2017年度のノーベル平和賞は、「核兵器廃絶国際キャンペーン（ICAN：International Campaign to Ban Nuclear Weapons）」が受賞した。ICAN は、100か国を超える国々の非政府組織（NGO）の連合体で、核兵器禁止条約（核禁条約）成立への取り組みが評価された。ベアトリス・フィン（Beatrice Fihn）氏は2014年以来、ICAN の事務局長を務めている。ノーベル賞授賞式でフィン氏は、「皆が力を合わせて軍縮を民主化し、新たな国際法を整備しつつある」と述べた。本インタビューは2018年1月14日、フィン氏が初来日し初訪問した長崎市で行われた。超国家的市民社会（TCS：Transnational Civil Society）に関する考え方や軍縮の民主化について幅広く語った。

目加田：今日は、ICAN やフィンさんの核軍縮への取り組み、そして条約成立に向けた TCS の役割についてお聞きしたいと思います。先ず、初めて長崎を訪問した印象から教えて下さい。

フィン：長い間一度訪れたいと思いながら、中々実現できなかったので、今回は長崎に来られてとても光栄ですし名誉な事だと思っています。これまで、被爆者の証言を聴いたり手記を読んだりしてきましたし、ICAN でもナガサキやヒロシマについては沢山語り合ってきました。しかし、実際に長崎を訪れて自らの目で見聞きするのはやはり特別な体験です。長崎市は、私が生まれ育った

I　核兵器禁止条約と核軍縮

写真提供：長崎市

所と何ら変わらない街だったのに、その街に突然核爆弾が投下されたのですから、やはりとても衝撃的です。

　ただ、最悪の経験を潜り抜けながらも核兵器廃絶に向けて一生懸命取り組んでいる多くの方々に接するのは、とても勇気づけられる経験です。なぜなら、被爆者の方々こそ核兵器がどのような惨事をもたらすのか一番解っており、その経験から核兵器は廃絶しなければならないという結論に達したからです。こうした惨事を潜り抜けた人たちが、我々に「同じことを二度と繰り返すな」と言っているのです。私たちは、彼らの声に耳を傾けなければなりません。

目加田：私自身が対人地雷禁止条約やクラスター爆弾禁止条約A)の成立に携わってきた経験では、被害者の証言が国際法の必要性を世界で訴えて理解を得る上で不可欠でした。一方、核兵器は長崎以降使用された事がなく、核実験が行われた地域以外に新たな核兵器の犠牲者が出ていません。核禁条約の交渉過程で、政府関係者に条約の早期成立を説得するのが困難だと感じたことはありますか？

フィン：今朝ニュースで、ハワイにミサイルが発射されたとの警報が流されたという事故があったことを知りました。「ミサイルが飛んできます。これは訓練ではありません！」C)という緊急速報が住民の携帯に流れ、皆パニックに陥ったというのです。人々は、何とか子供たちを避難させようと必死だったといいます。その後、比較的早期に誤作動だったと明らかになりましたが、私たちはこうしたことがいつでも起こりうるということを、そして被爆者たちの経験を共有することによって、核兵器が存在し続ける限りまた使用されることがあり得るということに気付かなければなりません。

　何より、写真や記録だけではなく、生存者の物語を聞く必要があるのです。

ただ、被爆体験者の方たちだけで世界中の人たちの下に声を届けることはできませんので、私たちがお手伝いする必要があるのです。

1 ICANのキャンペーン戦略

目加田：ICANには若い方々が大勢携わっているという印象ですが、いかがですか？

フィン：特段意識して取り組んだわけではありませんが、若い人たちにもICANへの積極的参加を呼び掛けてきました。彼らは他の世代と変わらないからです。

核軍縮運動の問題は、周辺化された平和運動の一部として小規模な活動に留まっていた点にありました。私たちは、核兵器がもたらす人道的被害を語ることによって、人道問題や人権、緊急支援や環境問題に取り組む広範な団体を巻き込むよう努めてきました。

従って、欧米の左翼、反軍事力、反資本主義、そして反米的な従来の冷戦型平和運動とは一線を画すことにより、政治的課題としてではなく人道問題として取り組んできました。右翼も左翼も関係ありません。ジュネーブ条約に抵触する行為は容認できないからです。

そして、核軍縮は決して過去の問題ではなく、今日的課題であると理解してもらうよう問題を再設定することにより、新しい世代を取り込むことに成功しました。これは大事な点です。世界は常に変化しているにもかかわらず、指導者は未だに冷戦期に育った世代ばかりです。しかし、新しい世代が政治を担うようになれば、状況は変わるでしょう。

例えば、私は今35歳です。生まれたのは1982年で、冷戦時代とは異なり、多極化した世界で育ったのです。ですから、米ソ対立時代のように一部の国々だけが核兵器を保有し続けることが容認されるという考え方は受け入れられません。

多くの核軍縮団体は「若者により多くの権限を与えなければならない」と言いますが、若者に活躍の場は中々与えられていません。むしろ、若者には後方から応援するよう求めていますが、それではダメです。若者にキャンペーンの

運営を委ね、決定権を与え、彼らのやり方やアイデアに耳を傾けなければなりません。この点、ICANはとても長けていたと思います。若い世代に自由を与えつつ、年配の世代も活躍しています。サーロー節子さんから15歳の若者まで、それぞれがそれぞれの役割を見出し、活躍の場を与えられています。

目加田：核軍縮運動には70年近い歴史があり、過去には「モデル核兵器禁止条約（MNWC：Model Nuclear Weapons Convention）」を提案したこともありました。アボリッション2000のような国際的ネットワークもありましたが、条約という具体的成果には結実しませんでした。それをICANはわずかな期間で実現させたわけですが、何が違っていたのでしょうか？ 古典的な反核運動から、人道主義を前面に打ち出した活動へと転換するターニングポイントが市民社会側にあったのでしょうか？

フィン：もちろんです。鍵は、核問題に人道的視点から取り組んだ点です。これは昔から核軍縮でも試みて来ましたが、対人地雷とクラスター爆弾のキャンペーンから多くのインスピレーションを得ました。特に「規範的条約」というアイデア、すなわち、核軍縮で初めて核兵器国の参加を前提としないアプローチへの転換が重要でした。過去の核軍縮の試みは全て核兵器国がターゲットでしたが、私たちは「核兵器国の参加の有無にかかわらず条約を実現させる」と方針転換したのです。もちろん核兵器国が参加することは歓迎しますし、実際に働きかけも行ってきました。しかし、最も重要なことは、彼らの参加以上に、停滞していた核軍縮の状況を前に動かすことでした。

　この停滞していた状況を打破して前進させること、この点が新しい試みでした。同時に、市民社会側も一歩踏み出す必要がありました。

　従来のように、米国とロシアだけを運動のターゲットにしている限り、進展が見られず絶望的になります。ですが、例えば、ナイジェリアに条約加盟してもらおうと働きかけるのであれば、米国やロシアのキャンペーン仲間も運動の成果を実感できるでしょう。そして、参加する国を一か国でも増やすことによって前進しているという成果を実感できます。このことが、さらなるモティベーションに繋がり、結果としてより多くの人々を巻き込んでいくことになり、さらに良い成果に繋がるという正のサイクルが出来ます。

ですから、この点がアボリッション2000や他の核軍縮運動とは最も異なる点でしょう。我々は、特定の国の参加を要件とせず、出来ることから始めることを決め、一緒に取り組める人や政府、団体と協力して来たのです。

目加田：つまり、意図的にそうしたと？

フィン：はい。これは対人地雷やクラスター爆弾の経験に基づいています。今日の世界では、あまりにも多くの紛争や地域的あるいはグローバルなダイナミックスがありますから、全会一致で世界を動かすことは不可能です。例えば私はスウェーデン人ですが、サウジアラビアがスウェーデンと同様の水準に達するまでスウェーデンは女性の権利に関する条約に署名できないというのはあり得ない話でしょう？　それぞれの国を、少しずつ前進させるべく私たちは取り組まなくてはならないのです。ある国が、どういった段階にあったとしても、少しでもステップアップさせること、その結果、一歩でも前に踏み出したとしたら、それは評価すべき成果だと考えています。

目加田：ICANは伝統的な核軍縮運動から意図的に離れ、新しい形のムーヴメントを起こしたのですね？

フィン：ICANの中にも様々な意見があるでしょう。2007年にICANが始動した頃、ICANは現在のような明確な戦略があったわけではありません。もともとICANは、MNWCの達成を目標に掲げて誕生したからです。当時は核兵器の禁止条約を作ろうというアイデアはあったものの、現在のような戦略は2011年に出来たものです。その年、一部の団体が地雷やクラスター爆弾のキャンペーンの取り組みに注目したのです。地雷やクラスター爆弾の経験者が「我々の方法論を参考にしては？」と助言したことをきっかけに、現在のように人道主義に基づいた運動に方向転換していったのです。

目加田：クラスター爆弾禁止条約が成立したのが2007年で発効したのは2009年ですから、ICANの創設者たちがクラスター爆弾の経験に示唆を受けたのは理解できますが、反核運動では既にアボリッション2000をはじめとする経験豊かで著名なNGOがたくさん存在していた中で、新たにICANを創設する必要があったのでしょうか？

フィン：ICAN創設当時は関わっていませんでしたので詳細は分かりません

が、当時アボリッション2000はネットワークとしては機能していたものの、一つの共通した戦略を持っていたわけではなかったと思います。一部の人たちは包括的核実験禁止条約（CTBT）の発効に携わり、他の人たちは米ロ交渉を見守り、また別の人たちは MNWC を推進しているという状態だったと記憶しています。皆、核軍縮を推し進めたいという点では一致していたものの、ではどうやってそこに辿り着けるのか、意見がばらばらだったのです。この点が、核軍縮に関わる市民社会の大きなチャレンジでした。私たちの活動が分散して戦略が一本化していなかった為、十分な影響力を及ぼすことが出来ませんでした。

　ですから、ICAN を創設した意図は、様々な活動を集約して一つの方向にエネルギーを結集することでした。これが2010年から2011年頃まで実現しなかったのです。ちょうどこの頃、クラスター爆弾キャンペーンが終わりつつありました。もちろん、完全に終わった訳ではありませんが、一部の団体は別のアジェンダを模索しているところでした。

目加田：例えばアーティクル36（Article 36）[H]のような？

フィン：彼らは ICAN を形作る上で極めて重要な役割を果たしました。人道的軍縮という分野の専門性を我々にもたらしてくれたのです。

　それ以降は多くの団体、例えばヒューマン・ライツ・ウォッチ（HRW）やオックスファム（OXFAM）、コントロール・アームズ（Control Arms）[I]といった NGO と協力して来ました。彼らは核軍縮を専門に取り組んでいるわけではありませんが、人道的軍縮という枠組みを通じ、アイデアや戦略面で助言してくれました。ですから、人道的軍縮に関わる NGO のコミュニティは ICAN にとって極めて重要な存在でした。対人地雷やクラスター爆弾に携わる NGO からの支援があり、この人道的軍縮というフレーミングを最大限活かしてきたのです。クラスター爆弾は一般市民を無差別に殺傷するからこそ禁止された。であれば、より多くの無差別被害をもたらす核兵器が禁止されない理由はないでしょう？　どの兵器であれ命が奪われることに変わりありませんが、核兵器では規模が遥かに大きいですから、人道的軍縮というアプローチが重要でした。

2　各国政府の姿勢

目加田：2011年にICANが共通した戦略を立てたのち、対人地雷禁止条約でカナダ政府と、クラスター爆弾禁止条約ではノルウェー政府と協働したような、ICANの目標達成に協力してくれる国をどのように探したのですか？

フィン：当時、既にノルウェー政府は高い意欲があり、我々が従来の方法から新しい方向を目指すための手助けもしてくれました。ノルウェー政府は、NGOと緊密に連携していたクラスター爆弾禁止条約の後だったことから、核兵器で禁止条約をいかに実現させるのかICANの相談に乗ってくれました。とても協力的でICANに財政的支援をしてくれた他、人道的被害に関する初の会議を開催したのです[J]。これらは核兵器に関する言説を、人道的な課題へと移行させるための全体的戦略の一環でした。

ノルウェーはまた、チャタム・ハウスやILPI、UNIDIR[K]等との共同研究を助成し、会議の参加費も拠出してくれました。NGOや学者、国際機関、そして政府が一堂に会して議論するためのものでした。対人地雷やクラスター爆弾で協働した政府と築いた関係と同じような協働関係が、ICANとノルウェー政府の間に生まれたのです。

その後、こうした取り組みが現実的に進展し条約の成立が視野に入ってくるようになると、米国や他の核兵器国は地雷やクラスター爆弾の時以上に事態を深刻に受け止めるようになりました。それは、「我々は条約交渉に参加しないが、他国はどうぞ」というものではなく、「どのような状況下でも我々の同盟国は参加させない」という姿勢で、非常に攻撃的でした。ですから、未だにノルウェーやカナダはこうした圧力に逆らえずにいます。

目加田：協働関係にあった労働党主導の政権が敗北した2013年のノルウェーの総選挙はICANに影響を及ぼしましたか？

フィン：はい。ただ、選挙結果は核軍縮に関する言説を我々が覆せていないことの証左でもありました。そもそも、ノルウェーのような国であっても核軍縮は政治的争点にすべきではない性格のものです。核の問題は、党を超えた共通の課題とすべきです。どの政党出身であったとしても、どの議員も市民を無差

別に殺戮することを望んではいないはずですから。

　そうした意味では、我々には北大西洋条約機構（NATO）諸国などを相手に未だやらなければならないことが沢山あります。核軍縮ほど大きな問題を選挙のたびに方針転換するべきではありませんし、なによりそれでは安定した外交とは言えません。

目加田：その後、ノルウェーの政権交代でICANとの関係は変わりましたか？

フィン：はい。数年の間で徐々に変わっていきました。ただ同時に、既に核禁止に向けた条約作り、その過程は動き出していましたし、機運も高まっていましたから、あまり影響はありませんでした。

目加田：ノルウェーが消極的になっていく中で音頭を取ったのはどういった国々ですか？

フィン：既に深く関わっていた国々でグループが形成されつつありました。特にオーストリアやメキシコ、アイルランド等、クラスター爆弾禁止条約や対人地雷禁止条約でも積極的だった国々です。オーストリア、メキシコそしてノルウェーはトリオのように協力しながら様々な課題に取り組みました。

　対人地雷やクラスター爆弾の禁止条約に寄与した国々と共通する国々が多いですが、核禁条約では新たな集団が形成された面もあります。例えば、ブラジルが加わったことは喜ばしいことでした。地域的大国であり、BRICs内でも一定の影響力があります。地雷やクラスター爆弾の時とは異なるかもしれませんが、ブラジルは伝統的に核兵器問題に熱心な国です。いわゆる"人道的軍縮"を重視した国ではないのですが、ブラジルと共に取り組むことは非常に興味深いものでした。ブラジルには、いずれ国連安全保障理事会の常任理事国になりたいという願望があります。こうした国が、核兵器を拒否するということが大変重要です。ブラジルは"大国"願望がありますが、"核抜き"で実現しようとしており、これは非常に賢いブランディング戦略でもあると思います。

目加田：同様の論理で、南アフリカはどうでしたか？

フィン：南アフリカは、世界で唯一自ら核兵器を放棄した国として特別な役割を担っています。この事実は彼らの歴史、伝統、そして誇りです。何より、道

徳的権威があります。南アフリカが核を放棄できたのなら、他の国もできるはずと主張できるからです。そして南アフリカは、核の問題を"不平等"や"不公正"との戦いと結びつけることに長けています。彼らは"核のアパルトヘイト"という言葉を用いました。すなわち、世界では少数の核兵器国の方がその他大勢の私たちより秀でており、より重要で、私たちには彼らと異なるルールが当てはめられている。それは、"私たちには何かを強制する一方、彼らはやりたいようにやれる"というルールです。ですから、核兵器問題で"公正"や"平等"という概念を用いて議論したことは極めて重要で示唆的でした。

目加田：オーストラリアはどうですか？

フィン：オーストラリアは、興味深い例です。というのも、米国の同盟国で核の傘の下にあるのと同時に、非核地帯条約に入っているからです。ただ、オーストラリアと米国の間でどういった核を巡る合意が存在しているのかよく分かっていません。オーストラリアの人々は（核の傘で）守られていると考えているようですが、ICANの仲間によれば合意は存在していないようですし、実は守られていないのかもしれません。

　そう考えると、最終的に米国はどういったシナリオだったら同盟国を核兵器で守るのかという疑問が生じてきます。例えばウクライナ情勢ではどうでしょう？　同様に、バルカン半島やエストリアかリトアニアだったら？　米国はエストニアを守るために、ニューヨークやワシントン、ロサンゼルスを危機に晒してまでモスクワを核兵器で攻撃するでしょうか？

　もちろん、同盟関係にあるわけですから何らかの反応はしなければならないでしょうが、現実に口にしてみると、とてつもなく異様な話に聞こえてきます。大半の米国人が地図上どこに存在するのかも指摘できないような小国のために核戦争のリスクを負うでしょうか？　あるいは負わないのか。いや、負う場合には通常兵力等で対応するのか。誰にも分かりません。

目加田：同様の議論は日本にも当てはまります。米国は、たとえ日本が北朝鮮から核攻撃を受けたとしても核で応酬はしないでしょう。

フィン：そもそも核兵器で応酬することは適切な対応ではないかもしれません。いや、適切ではないでしょう。米国は核兵器以上に効果的な（通常）兵器

を保有しているでしょうし、そもそも今は、民間人を攻撃対象としてはなりませんから。

目加田：もう一つ。カナダでは2015年、10年ぶりに保守党から労働党に政権交代しましたが、彼らの政策に転換はありましたか？

フィン：政府の発言は多少表現が和らいできたものの、依然としてNATO政策の推進国です。市民社会の立場からすれば、トルドー政権の批判はしやすくなりました。というのもトルドー首相はカナダの救世主のように現れたにもかかわらず、多くの政策でほとんど変化が見られませんから。

　ただ、カナダ議会の核軍縮に関する支持は高いです。ノルウェーやオーストラリアも同様ですが、こういった国々は伝統的にとても強い反核運動が存在しています。どの政府も米国からの圧力を感じているのは事実ですが、世論の支持、そして議会の支持は非常に大きいですから、いずれは条約に参加すると思います。問題はどうやって最速に実現させるか、です。世論からの圧力で、いずれかの段階で一つか二つの国が政策転換するでしょう。それを支え続け、圧力をかけ続けることが大切です。

3　「軍縮の民主化」

目加田：フィンさんが核軍縮に関心を抱き始めたのはいつ、どのようなきっかけでしたか？

フィン：1996年です。当時、14、5歳でした。政治には興味がありませんでしたが、世界情勢や国際政治には関心が強かったんです。それは、私が育ったスウェーデンのヨーテボリの郊外にはたくさんの移民が住んでいたからです。友達の中には、世界中から移住してきた人たちやその家族がいました。ある夏休み明けのこと、突然10人の転校生が（当時は民族同士の戦いが続いていた）バルカン半島からやって来たんです。当時は旧ユーゴスラビア紛争の真っ最中で、転校生の間に異様な緊張感が漂っていました。それはボスニア人やセルビア人、クロアチア人などがいたからです。未だ若くて理解できないことばかりでしたが、お互いを憎しみあっていることだけは解りました。

　私の親友の一人はイランから移民してきた子でした。ソマリアの干ばつから

逃れてきた両親を持つ子供もいました。ですから、常に世界で起きていることは私たちに大きな影響を及ぼすことだけは明確でした。移民といっても一つのグループでは括れません。それぞれ異なる背景や事情を抱えていました。チリの移民はある意味左翼的で、ピノチェットの軍事政権から逃れて来た人たちでした。イランの移民は革命から逃れてきた、どちらかというと上流階級の人たちでした。ソマリアの人たちは元農民で、読み書きにも不自由でした。ですから、決して同一集団ではなく多様な人たちがそれぞれ異なる理由で来ていた。こうした環境で育つと、世界で何が起きているのか理解しなければいけないという感情を抱くようになるのです。

ただ、核問題については、あまり考えたことがありませんでした。私の中では"問題"という認識がなかったのです。1980年代にスウェーデンで大問題となっていた反原発運動に両親はとても熱心に取り組んでいましたので、フランスが核実験をした90年代にはフランス産のワインやチーズをボイコットしていたことがありましたが、その程度の思い出しかありません。

ですから、ストックホルム大学に進学して核兵器に取り組む団体でインターンをするまで核問題に直接関心を抱くことはありませんでした。このWILPFという団体に応募したのは、ジェンダー問題や女性政策に取り組んでいたからです。ただ、彼女らは私に"核兵器のプロジェクトを担当しないか？"と聞いてきたんです。"核兵器って、未だ存在するの？"という感覚で、とても身近な課題ではありませんでした。ただ、取り組み始めてからは取り付かれました。勉強すればするほど、この問題がいかに異様で矛盾を孕んでいて偽善的なのか気が付いたからです。人々は"イランは大問題だ"と頭を振るけれど、イランは核兵器を保有していません。北朝鮮は大きな問題ですが、我々がこれまでどれほどどこの国を脅してきたのかについて誰も語りません。こうした言説や政策を知るにつけ、目が離せなくなったのです。

目加田：その後、ロンドンで学んだんですね？

フィン：ええ、そして大学院生の時、ロンドンのリーチング・クリティカル・ウィル（Reaching Critical Will）という団体のジュネーブ事務所でインターンを始めました。その後、WILPFがICANの運営団体の一つだったことから、

WILPFを代表して2011年にICANに参加しました。その後オスロ会議（2013年）の際、WILPFの事務所にICANのスタッフチームを作ったのです。当時ICANの運営委員でジュネーブに駐在していたのはWILPFだけだったので、ICANと事務所をシェアしたのです。2013年以降は私がスタッフチームの管理役を担ってきましたが、2014年にICANの正職員になったのです。

目加田：昨日のスピーチですが、貴女は「軍縮を民主化する」という話をされました。この言葉はとても印象に残りました。「軍縮を民主化する」という表現には様々な含意があると思います。

フィン：おっしゃる通り、様々な意味があります。例えば、全会一致ではなく多数の支持で具体的政策を推し進めることができる、という条約の民主化の側面があります。核保有国の賛同がなくても賛成する国々だけで核兵器を禁止することができるというのは軍縮の民主化です。特に国連総会のように、リヒテンシュタインも米国と同様に一票を持っていますから、数はある意味大事です。

　同時に、国レベルでの民主化もあります。私たちから遠く離れた地で大事な決断が下されているのに、国民は選択肢について十分な説明を受けていません。昨日の政府の発言を聞いていても、一般の人々が十分把握できるレベルからかけ離れた言葉によって、問題の本質が何であるのか隠されています。「これは××に関する安全保障の問題で、○○の同盟関係があり、拡大核抑止であり……」と、まるで核兵器は国民を守ると言わんばかりですが、本質的には核兵器で人々を大量に殺戮すると脅迫しているに等しいのです。

　ですから軍縮の民主化というのは、国際的にも国内的にも世論に対して核兵器に関する真実やどういった選択肢があるのかについて知ってもらうこと、そして政治家に圧力をかけられる問題だと認識してもらうことでもあります。

目加田：軍縮を民主化するというのは、市民社会などの参加を広く認める事で条約交渉を民主化させるという意味もありますね。

フィン：もちろんです。議論に透明性を持たせること。例えば実際の交渉で政府は「（有権者である）私たちの代わりに」何を主張しどう説明しているのかを知ることはとても大切です。

米国や英国政府のように、人権には非常に熱心でNGOの参加にも積極的な国が、軍縮問題になると、閉ざされた空間で自分たちだけが本音で話ができるよう市民社会を締め出そうとします。ですから、「民主化」はどのような分野についても一貫性が保たれることが大切です。NGOは一部の政府や人権問題について批判するだけでなく、兵器政策についても同様に批判するべきなのです。

目加田：フィンさんは我々が民主的社会に暮らしている限り、核兵器に依存しないという選択をできると話されました。しかし、中国やロシア等では民主的スペースが限られています。北朝鮮やインド、パキスタンも同様ですね。

フィン：非民主的国家においても国際法の規範は政策や言動に影響を及ぼしていますから、大規模な大衆運動やデモ、ソーシャル・メディアの代わりに、目立たないようにするなど若干異なる方法論を用いて働きかけています。

ただ、最終的に政府に影響力を及ぼせるのはその国の国民です。ドイツのキャンペーンに北朝鮮の問題を解決するよう求めることはできません。彼らの責任ではありませんから。もちろんロシアのように自らの政府を批判したりデモしたりすることは出来ない場合、民主的国家の市民が政府に対してロシアの方針転換を促すよう求めていくことも必要です。彼らの手助けをすることも、私たちの責任だからです。

目加田：この質問をしたのは、民主的国家であるはずの日本でも市民社会の役割はとても限定的だからです。

フィン：日本は核軍縮について、世論の支持が強い国の一つだと理解しています。ただ、難しいのは、ある意味で二つの日本があるように思えるからです（核軍縮を推進する立場と核の傘による抑止論を支持する立場）。日本の人たちができるだけ同じような声（抑止論）ばかりに接することのないよう、私たちのように海外から別の視点を持ち込むことが手助けになることもあります。ですから、今回のように日本に来られて幸いですし、できる限り協力できればと思っています。

ただ同時に、日本の市民団体はどうしたら政治的圧力を高められるか、必死に考える必要があると思います。なぜなら、最終的に政治家は国内世論の変化

に非常に敏感だからです。政治家が国民の意思に沿って行動しないことのコストを感じるよう働きかけなかければなりません。政治家が負担・重荷に感じられるようにしなければならないのです。

　これは核兵器国でも同様です。核兵器を保有し続けることが国益にならないと判断したなら核兵器は無くすでしょう。未だに保有し続けるのは、彼らに何らかの利益をもたらしているからです。核禁条約は、核兵器を魅力的ではないようにすること、核保有することの価値を低減させることを目指しています。核兵器を保有することが負担に感じられるようになれば、合理的な考え方に変わらざるを得ないからです。

　ある意味 ICAN は、極めてプラグマティックで現実主義です。核兵器をなくしてくれと丁寧にお願いしても手放さないのであれば、核兵器を保有することが問題だと認識されるようにすること。核兵器を保有することは問題で、困難で、やっかいで、核兵器を擁護することの政治的コストが高いと思わせれば良いだけです。

　日本の団体もこうした点について考えるべきだと思います。国内政治や北朝鮮情勢の動きを見据えた上で、どういった議論を進め、どういった発信をするのが最適なのか、少し自らに批判的になって考えてみる必要があるのかもしれませんね。誰が政府に対して影響力を持っているのか見極めて、彼らに発言してもらうこと。私自身がベストな選択なのか、他の政治的考えを持つ人を探すべきか？　世界どこでも同じですが、政治家を説得できる有権者は誰なのか吟味し、有権者が声を上げることが必要です。同時に、多様な宗教や労働組合、医師等、異なる人々に影響を及ぼせる立場の人や団体と様々な連携や繋がりを築いていくことも大事です。

4　今後の活動について

目加田：今後は、どうキャンペーンを推進していきますか？　喫緊の目標をどうやって達成するのかについて教え下さい。

フィン：条約を前進させるための「1000日ファンド[5]」というものを創設しました。一日も早く条約を発効させるべく、署名国と批准国を増やすこと。批准

キャンペーンのようなプロジェクトを始める予定です。何人かのグループで世界の異なる地域を担当し、批准国を増やしていきます。ただ、批准は署名と異なり、多少官僚的で、あまりエキサイティングな取り組みではありません。
目加田：そして、国内が働きかけの対象ですね。
フィン：そうです。私たちは、国連の大きなロビイングチームに慣れていますから、批准には異なる取り組みが必要になります。

　同時に、条約に署名せず態度を変えない国々でも、キャンペーンを始めなければと考えています。条約で禁止されている行為、例えば核兵器の使用、使用の威嚇、開発、生産、保有と支援といった行為について、十分な調査を行い、どういった国々がこうした行為を行っているのか。例えば、日本はどのような条約に反する行為を行っているのか？　どの点を問題視できるのか？　といった具合に、国内レベルで具体的な条約違反行為について調べる必要があります。
目加田：既にこうした試みは始まっているのですね？
フィン：スウェーデンやノルウェー、イタリア、スイスといった国々では、条約に加盟する場合の問題点を精査し始めています。政府による取り組みですが、もちろん市民社会からの圧力を受けて始まったものです。日本も同様に取り組んで欲しいと思います。
目加田：核兵器を製造する企業に投資・融資する金融機関に働きかける反投資活動は？
フィン：我々は年次報告書『爆弾に融資するな（Don't Bank on the Bomb）』[T]を発行しています。つい先日、オランダ最大の年金基金が核禁条約の成立を理由に核兵器から投資を引き上げると発表しました。今後は、他の金融機関にも働きかけて行く予定です。こうした行動によって、核を巡る問題を表面化させ、条約に署名しなかったとしても条約のインパクトを示せるからです。核兵器を保有し続けることを難しくするための手段でもあります。核兵器を製造する企業に負荷がかかることによって、最終的に合理的な決断を下すようになると期待しています。一般世論にとってもわかりやすいと思います。報告書を世に問うことにより、多くの人が「私の銀行や年金基金は核兵器を製造している企業

に投資・融資している金融機関のリストに載っているのか知りたい」ということになるでしょう。

目加田：条約が発効したのちの戦略はありますか？

フィン：核兵器に対する姿勢、即ち核兵器は全く許容できないという考え方へと変えていかなければならないと考えています。例えば、北朝鮮の核開発を批判する一方、核兵器国や核の傘に入っている国々では、自らの政府が民間人を破壊するような大量破壊兵器を用いる作戦や計画に関わっているということには疑問を抱きません。

2017年11月末、欧州で NATO の軍事演習が行われました。情報が開示されていないので具体的な内容は分かりませんが、核兵器を投下する爆撃機の関係した演習だったようです。ですから、例えばドイツの人々は今、民間人を殺害する訓練をしているということを問題視しなければなりません。私たちはロシアの攻撃から身を守る訓練をしていますが、それは同時に虐殺の方法を訓練しているのだと。国際法に違反してまでも沢山の人々を無差別に殺す軍事計画を立てているのだと。私たちの軍は国際人道法を犯すような計画を立てるべきではないはずですよね？　ジュネーブ条約に加入しているならば、同法に違反するような軍事作戦を立てるべきではないし、それに従った軍事演習もすべきではないはずです。

北朝鮮が大陸間弾道ミサイル（ICBM）の実験を行うと世界中が怒り狂いますが、米国が実験しても黙殺する。彼らは民間人を殺戮する能力をテストしている、というのにです。どの国に対しても同じルールが適用されるべきです。

目加田：最後に資金について伺います。ノルウェーが ICAN に資金援助して来たということでしたが、その他の財源について教えて下さい。

フィン：未だノルウェーから多少の支援を受けています。ただ、それはノルウェー議会からであって、政府からではありません。アイルランドやスウェーデンからも助成を受けています。個人からの寄付もあります。プラウシェア、ドイツの HBS といった政党系財団、そして ICAN の構成団体からの支援もあります。財源は多様です。

目加田：資金集めに苦労することはありますか？

フィン：核軍縮は、資金集めをするには難しいテーマですから、これまでも苦労してきました。例えば、ノルウェーはかなり支援額を減らしています。もちろん政権が交代したこともありますが、ノルウェーが人道的軍縮全般の予算を減らしたこともあります。人道的軍縮は未然に対策を講じる、言わば予防的な取り組みなだけに、政府にとっては危機的状況下における人道的救援活動ほど魅力的ではないのです。政府はどれだけのテントを支援したとか、どれだけの予防接種を実施したということを主張したがるからです。

　以前ジュネーブでドナー会議があり、オランダが向こう5年間で4500万ユーロを地雷除去に支援すると約束したのですが、条約関連費は4万ユーロでした。地雷除去は進めるべきで、資金援助もする必要があります。ただ、問題を未然に防ぐことが出来ていたらそもそも4500万ユーロを費やす必要はなかったはずです。1万ユーロだけでも条約関連に回せたら問題が起きる前に防ぐことが可能なはずですが、政府はそう考えず、被害を防止する対策やアドボカシーには支援したがらないのです。

　何かが起きるのを未然に防ぐような活動では、どのような惨事を防ぐことに成功したかということを立証することは困難ですから、どれほど効果的なのか政府やドナーを説得するのは簡単ではありません。ただ長期的に見れば、軍縮こそが変化をもたらす分野ですから、より多くの資金が投じられるべきなのです。

【解説注】
A）　対人地雷禁止条約（通称オタワ条約）は対人地雷の生産、使用、備蓄、移譲などを包括的に禁止した条約（1997年12月署名、1999年3月発効）。NGOの世界的ネットワークである「地雷禁止国際キャンペーン（ICBL）」が志を一にするカナダやニュージーランド等の諸国と共に大国の圧力を排して成立させた。条約の成立過程は「オタワ・プロセス」として、その後の様々な条約交渉に影響を及ぼした。ICBLはその功績が認められ1997年にノーベル平和賞を受賞。

B）　クラスター爆弾禁止条約（通称オスロ条約）はクラスター爆弾を包括的に禁止すると同時に、被害者の定義や支援に関する具体策を明記した条約（2008年12月署名、2010年8月発効）。対人地雷と同様に、NGOの国際的連合体である「クラスター兵器連合（CMC）」がノルウェーやアイルランド諸国と協力して条約を成立させたことから、その条約交渉過程は「オスロ・プロセス」と呼ばれている。

I　核兵器禁止条約と核軍縮

C ）　ハワイで2018年1月13日（現地時間）、同島に向けて弾道ミサイルが発射されたとの警報がスマートフォンやテレビ、ラジオを通じて流された事件。職員が誤ってボタンを押したことによる誤報だと明らかになったが、北朝鮮のミサイル問題が起きていた時期だけに島民は一時パニックに陥った。

D ）　1949年に発効した人道条約で、その第1追加議定書（1978年発効）で文民に対する攻撃や無差別攻撃を禁止している。

E ）　カナダ在住の反核運動家で、広島市で被爆した。ICANがノーベル平和賞を受賞した際にフィン氏と共にスピーチした。

F ）　弁護士や科学者による国際的な連携で起草された条約で、1997年に国連文書A/C.1/52/7.として回覧された。その後2007年に更新され、国連文書A/62/650.として提出された。

G ）　1995年の核不拡散条約（NPT）再検討会議の際、2000年までの核兵器廃絶を目指して立ち上がった国際的NGOの連合体。

H ）　特定の兵器が不必要かつ受け入れがたい被害の予防を目的とするNGOで、クラスター爆弾禁止条約の成立に寄与した複数の個人が2011年にロンドンで立ち上げた。

I ）　HRWは米国を拠点とする人権団体で、Oxfamは英国を拠点にする世界的開発協力団体。「コントロール・アームズ」は世界的市民社会の連合体で、2013年に国連で採択された武器貿易条約（ATT）の成立に寄与した。

J ）　ノルウェー政府はメキシコ及びオーストリア政府と2013年から2014年にかけて「核兵器の人道的影響に関する会議（核の非人道性会議）」を開催、その第1回会議が2013年3月にオスロで開催された。

K ）　チャタムハウス（王立国際問題研究所）は英国のシンクタンクで、所在地名から通称チャタムハウスと呼ばれている。ILPIは紛争や平和に関する国際法や政策に関する研究所（2017年6月閉鎖）。UNIDIR（国連軍縮研究所）はジュネーブを拠点とする軍縮・安全保障問題を専門的に研究する機関。

L ）　ブラジルはクラスター爆弾禁止条約の交渉時より条約に反対し、2018年末現在も条約に加入していない。また、2018年12月には国内でクラスター爆弾が製造されている事が明らかになっている。

M ）　BRICsとは、2000年代に経済発展の目覚ましい新興国家を代表するブラジル、ロシア、インド、中国の頭文字をとって用いられた表現。

N ）　1960年代に始まったフランスによる南太平洋での核実験に反対する機運が高まったことを背景に、1985年に南太平洋のラロトンガ島で8か国によって調印された南太平洋非核地帯条約。通称ラロトンガ条約と呼ばれている。2018年末現在、オーストラリアやニュージーランドを含む13の国や地域が加盟している。

O ）　WILPF（婦人国際平和自由連盟）は1915年にジュネーブで設立されたNGO。

P ）　Reaching Critical WillとはWILPFのプロジェクトの一つ。

Q ）　2018年1月13日に行われたフィン氏のスピーチは以下で視聴可能：http://www.recna.nagasaki-u.ac.jp/recna/topics/17514

R） 上記のスピーチ後に行われた一般聴衆とのやりとりで、日本の外務省の職員が拡大抑止論について触れた事を指す。
S） 1000日ファンドとは、ノーベル平和賞の賞金を元金に世界から募金を募り、核禁条約の早期発効を目指して批准を促進させる為の軍資金。条約の発効には50か国の批准が必要。http://www.icanw.org/campaign-news/projects-1000-day-fund/
T） 『爆弾に投資するな』の最新報告書：https://www.dianuke.org/dont-bank-on-the-bomb-read-the-2018-report-that-names-the-companies-fueling-nuclear-armageddon/
U） プラウシェア（Ploughshare）財団は一般の個人や家族、財団からの寄付を元に、核兵器の拡散使用防止を目的として1981年に米国で設立された財団。核兵器に特化した財団としては米国最大規模。HBS（Heinrich Boll Stiffung）はドイツのノーベル文学賞作家ヘインリッヒ・ベルの名を冠に1997年に創設された緑の党関連の独立財団。

【出典】
Mekata, Motoko. 2018. "How Transnational Civil Society Realized the Ban Treaty: An Interview with Beatrice Fihn," *Journal for Peace and Nuclear Disarmament* 1（1）: 79-92. DOI: 10.1080/25751654.2018.1441583

※翻訳にあたって、あらたに小見出しを付けくわえた。

〔翻訳：目加田説子〕

4

国連事務次長が語る核軍縮

中満　泉
インタビュアー　吉田　文彦

1　核兵器禁止条約の成立

吉田：今日は主として、核兵器禁止条約（TPNW：Treaty on the Prohibition of Nuclear Weapons、A/CONF.229/2017/8）について質問したいと思います。まずは、TPNWに対する評価を聞かせてください。

中満：TPNWは核なき世界への歴史的な一歩です。この何十年にわたって、この目標への前進が行き詰まっているとの考えが広まっていました。核軍縮のペースはスローダウンし、核兵器システムは［敵ミサイルの発射探知から］数分の内に即時発射が可能なように、高度な警戒態勢に置かれてきました。しかも核武装国は、核兵器の近代化や更新を進めています。核武装国の中には、保有量の拡大だけではなく、核弾頭や運搬手段の多様化も進めているところもあります。

　年間の軍事支出が世界全体で1.7兆ドルに達している現状では、自称リアリストの多くが、核軍縮は理想的な夢に過ぎず、世界平和といった理想的な環境のもとで初めて実現されるものだと主張しています。しかし、こうしたシニカルな見方では、世界の現状を変えられません。（初代国連事務総長の）ダグ・ハマーショルドの言葉を借りると、軍縮の目的というのは、我々に夢の世界をめざせということではありません。被爆者の方々が経験されたような恐怖に二度

と苛まれないように、人間性を堅持していくということです。

吉田：核保有国は条約に参加しないと承知のうえで、TPNWが交渉会議で採択されました。多くの非核保有国のこの決断の意味をどう考えますか。

中満：非核保有諸国も、一枚岩ではありませんでした。彼らの間でひとつ共通しているのは、核軍縮が進んでいないという認識を持っていたこと。核保有国は誠実に核軍縮交渉を進めると核不拡散条約（NPT：Treaty on the Non-Proliferation of Nuclear Weapons）の6条で約束しているのに、その約束を忘れてはいないか。そんな不満は共通していました。こ

写真提供：長崎大学核兵器廃絶研究センター（RECNA）

のままNPT6条を補完するものがない状態が続くと、核軍縮は進んでいかない。それがTPNWを推進した諸国の共通の認識としてありました。非核保有諸国の間では2015年のNPT再検討会議までに、核軍縮がもっと進むとの期待があったのです。私は当時、軍縮担当ではありませんでしたが、多くの非核保有国が、2015年までは、NPTがうまく機能するかどうか様子を見ている状態でした。それまではNPTに対する配慮も強くて、2015年まで待ったわけです。ところが、NPT再検討会議で何も成果が出なかったということで、［核軍縮の動きが］国連総会の方に加速度的に進んでいきました。

　TPNW採択に賛成票を投じたのは122か国でしたが、TPNWの交渉開始を求める国連総会決議（A/RES/71/258、2017年1月11日）にはもっと多くの国が賛成しました。国際社会の大多数が、核軍縮が進まなくなってしまったことへのフラストレーションを高めていたことを示しています。これを保有国側がきちっと受け止め切れていなかったように思えます。NPTには、グランドバーゲンと言われる仕組みがあります。非核保有国は核不拡散を守る。その代わりに核保有国は核軍縮を進める。不平等条約とも言われるNPTが成り立ってき

たのは、実はそういう取り引きがあったからです。にもかかわらず、核不拡散ばかりが強調されて、核軍縮の約束が全然守られていないじゃないか。そんなフラストレーションが、非核保有国の間で高まっていました。

吉田：2016年10月に国連総会第一委員会で採択された 決議L.41は、「核兵器を禁止して、全面的な廃絶につながるような、法的拘束力のある措置」（legally binding instrument to prohibit nuclear weapons, leading towards their total elimination）の交渉を2017年に開始するよう求めました。すなわち、決議L.41は必ずしもTPNWのような条約の制定を求めたのではなく、条約の中身について交渉会議で一定の柔軟性をもって協議できるような形にしていたわけです。しかし最終的に採択されたTPNWは、既存のモデル核兵器禁止条約（MNWC：Model Nuclear Weapons Convention）のような、厳しい中身になりました。どういう経緯で、なぜこうした選択になったのでしょうか。

中満：核兵器禁止支持派の中にもいろいろな見方があったのは事実です。第一段階では、核兵器の使用だけを禁止するという考え方もありました。でも、最終的には、全面禁止を打ち出したこのTPNWの内容が多数の支持を得るようになりました。交渉参加国中のコアグループと言われる国における外交的、政治的ダイナミズムが作用した結果です。影響力の大きかった国々はどこだったのか。オーストリアとかメキシコ、南アフリカが活発でした。それらの国、ないしはそれらの国に共感した諸国の影響力が強まったということだと考えられます。ただ、これらの国の中でも、いろんな議論がありました。

　「核兵器廃絶に向けて」（Towards the total elimination of nuclear weapons）を規定したTPNWの第4条は長い内容になりました。条約が採択された段階から、核保有国が入れないような内容にはしたくない。ドアをクローズしたような条約にしないために、工夫を凝らせた結果です。将来的に実効力を持たせたいとの意図が強かったので、条文の解釈、運用も幅を持たせる必要があるという認識をコアグループの人たちが持ったということだと思います。

吉田：そもそも、核廃絶は、政治的にも技術的にも大きな困難を伴う作業です。必要なことをすべて条約に書き込めるわけでもありません。そんな中にあっても、第4条に多大なエネルギーが注がれ、ここまでたどり着いたのだと

思います。ただ、核廃絶への複雑なプロセスについて工夫すれば工夫するほど、新たな疑問が出てくる面もありますね。

中満：これは国連加盟国が作ったものですから、国連軍縮局（UNODA：UN Office for Disarmament Affairs）を代表する私が、しかも国際法学者でもない私が、詳しいところについてはコメントできません。ただ、彼らとしてバランスをとろうと試みたのは、核廃絶まで範疇に入れる意欲を保ちながら、いかにして、核保有国にドアを閉めない形の実効性のある条項、プラクティカルな表現をギリギリのところまで詰めるかでした。その結果として、第4条ができあがりました。

　第4条は、将来的に現在の核保有国も加わってくる仕組みを用意しておくことを重視しました。したがって、今後もっと詰めて考えていく必要がある点も残されています。たとえば、核保有国がこの条約の締約国になるには、核廃棄に向けて「権限のある国際機関」（international competent authority）と協力するように記しています。しかし、核廃棄の検証を担う機関を現段階で特定することはできないし、国際原子力機関（IAEA）の役割を明確に位置付けることもできていません。その結果、あいまいな表現が採用された。とりあえずは今すぐ核兵器国が条約に入ってくる状況ではないので、「権限のある国際機関」の内容については将来の交渉にゆだねることにしたのです。この点も含めて、最初のドラフトからはずいぶん変わりました。

吉田：決議L.41が採択された段階で、国連の中では核兵器を全面的に禁止する条約ができると想定していましたか。それとももっといろんなバリエーションがありうると考えていましたか。

中満：前の国連事務総長である潘基文は、全面禁止を推進する立場だったと聞いています。核兵器保有国は少なくともすぐには条約の締約国になるとは考えにくかった。そこで、条約採択に賛成票を投じない国でも交渉には参加したら、と潘基文は考えていたと聞いています。潘基文事務総長の時の国連軍縮局でも、「条約に反対する諸国も交渉に参加して自らの意見を言ったうえで、最終的にノーと言ったらいいじゃないか」という見方が多かったと承知しています。

I 核兵器禁止条約と核軍縮

　雰囲気が変わったのはやはり、米国における政権交代が大きかったと思います。2017年3月末に第1回交渉会議が始まる際に、米国の国連大使が同盟国などの大使と並んで、条約交渉に参加しない方針を明言しました。私の見るところでは、あの一件がかなり逆噴射したと思います。アメリカは決議 L.41 が採択された後も、あれほどの強い態度で反対の立場を示していませんでした。むしろ、無視するというか静観する立場でした。米国などの国連大使による明確な反対は、核保有国、「核の傘国」(umbrella states) と、非核国との間の対立がそれだけ先鋭的になっていたということを印象付けたように思えます。

2　核兵器禁止条約の性格

吉田：TPNW は人道条約なのか、それとも軍縮条約なのか。交渉過程では、そんな議論もあったようですね。

中満：3月の交渉のときには、私はまだ今のポストに着任していませんでした。ただ、伝え聞くところでは、人道的な観点からまずは使用を禁止しようという考え方もあったようです。他方、化学兵器のように、1925年に前段階として禁止されても、結局、その後も使用の事例が相次いだ苦い経験があります。最終的に化学兵器を全面禁止することによって、破棄につなげることができました。米国もロシアも一生懸命、化学兵器は破棄してきました。TPNW に実効性を持たせるには、やはり使用禁止だけではだめで、全面禁止、全面廃棄を書き込まないといけない。南アフリカが強くそう主張をしたと聞いています。実際に核兵器廃棄を実施した国として、南アフリカの存在感が大きかった気がします。核兵器の全面禁止を求める NGO の影響力も大きかったです。なかんずく、広島、長崎の被爆者のメッセージの影響力には大きなものがありました。

吉田：期待通りに核軍縮が進まない現実へのフラストレーションと、核兵器は人道的に許せないという道徳観、現状を放っておいたら本当に核が使われて全滅するかもしれないという危機感。こうした要素が重なり合って、TPNW 制定を促す力となったのでしょうね。

中満：TPNW の推進派の中にも異なる立場がありました。非核国の意見を集

約するのは大変な作業でしたが、今指摘された3つの要素がうまく合わさったと考えられます。

吉田：核兵器保有国も核の傘国も、少なくとも当面はTPNWに加わるとは考えにくいのが現状です。そうした状況にあってもTPNWの支持派は、この条約に規範力を持たせたいと期待しています。どういうことが起きれば、規範力は強まると考えていますか。

中満：答えが難しい質問です。TPNWの支持派が目指しているのは、核抑止論を安全保障の論理としては弱めていくこと、言い換えれば核抑止論に悪の烙印を押すこと（stigmatization）でしょうね。

吉田：TPNWが発効した後、締約国の数が増えて行けば規範力が高まると言えるでしょうか。

中満：国連軍縮局の専門官の間でもいろいろな議論があります。たとえば、核保有5か国の中には、核兵器の数がすごく減っている国があります。TPNWの締約国を増やしていけば、核兵器を持っていても持っていなくても、戦略上ほとんど関係ないという状況の国が出てくることは夢ではないという専門官もいます。国連軍縮局としては、核抑止力についてコメントするのは難しいところがあります。国連憲章第7章の集団的安全保障に基づいて核兵器を使うことは考えにくいですが、51条では自衛権を認めています。核抑止力まで含めた51条なのかどうかは、コメントしづらいです。

ただ、どのくらいの国がどのくらいの速さで批准するのかが、規範力にかかわってくることは確かでしょう。この条約の発効要件は、条約批准国が50になることです。1年半か2年あれば、この数は集まる公算が大きいです。現実にTPNWが制定され、しかも発効したとなると、この条約をないものとして無視することはできなくなるでしょう。

吉田：確かに無視できないものにはなるでしょうね。しかし、現実的に核世界をどのように変えていけるか、という課題は残ります。重要なタイミングは、2020年のNPT再検討会議でしょうね。この会議で、TPNW支持派と反対派の分断が深刻化するばかりでは、その後の核軍縮に悪影響を与えかねません。

中満：これまでのNPT再検討会議を振りかえると、中東問題などでの意見の

不一致が最終文書の採択を妨げたケースが何度もありました。TPNW が2020年の NPT 再検討会議までに発効したとして、それが会議にどのような影響をもたらすか。そこは具体的にはまだ見えないですね。でも、核軍縮に向けて NPT と TPNW は両立するし、むしろ相乗効果を発揮できるという観点から、意見調整をはかることが大事だろうと考えています。

3　ジュネーブ軍縮会議とアウトソーシング

吉田：TPNW は、ジュネーブ軍縮会議（CD：Conference on Disarmament）ではなく、国連総会決議に基づく交渉会議で作成、採択された点も、大きな特徴です。

中満：アメリカやその他の核保有国が反対した一番大きい理由は、核抑止の問題でした。この点は間違いのないところですが、それに加えて、多数決によって軍縮の取り決めを作られるのは困るといった懸念もあったようです。軍縮を専門的に議論、交渉する国際組織としてジュネーブの CD が存在します。軍縮の問題はコンセンサスで決めていきましょうということで、CD は手続き的な事項も含めてコンセンサスによる決定がルールになっています。それにもかかわらず、数の力に頼って核兵器を禁止するような動きは容認できないといった考えがあったように思います。核軍縮の問題は、南北対立という図式で語れるほどシンプルではありません。それなのに、まるで南北対立のような形にして、数の力に頼るような動きは受け入れることができないといった懸念があるのです。

吉田：とはいえ、CD のコンセンサスルールでは採択に至らずに、国連総会で採択された先例はあります。その代表例が、包括的核実験禁止条約（CTBT：Comprehensive Test Ban Treaty）です。

中満：その通りです。これまでにも、いくつか例はあります。武器貿易条約（ATT：Arms Trade Treaty）もその一例です。国連総会決議に基いて、国連の交渉会議で条文が作成され、国連総会で条約が採択されました。その交渉には米国も最初から入っていて、多数決による採択も OK だったのです。交渉する課題によって多数決でもいいもの、そうでないものがあるという立場ですね。

核兵器の軍縮に関しては多数決ではダメということが今回、極めて鮮明な形で見える結果となりました。

吉田：CDの現実を見ると、コンセンサスルールが厚い壁になって、軍縮交渉が進まないケースが多いです。軍縮・不拡散イニシアティブ（NPDI：Non-Proliferation and Disarmament Initiative）の外相会合が2010年に出した声明の中で、CDで成果を出せないままなら、CDの外で軍縮交渉を始めることも検討課題との姿勢を示したこともあります。その後、この議論は停滞しているように見えます。

中満：CD以外の交渉会議で軍縮条約を作ることがいいのか、どうか。この問題は、アウトソーシング（外部資源利用）問題と言われています。対人地雷やクラスター爆弾の禁止条約は、CDの外であるどころか、国連の外で交渉されました。軍縮のメカニズムということで考えると、本来ならばすべてCDでやるのが理想です。しかし現実にはその理想にはとどかない。そうした状況のもとで、アウトソーシングをよしとするか、ダメとするか。ダメだったらCDをどう活性化するのか。全体の軍縮交渉メカニズムの中で考えないといけないが、私の中でまだ答えはありません。国連の公式な立場としては、軍縮は国連にとっても歴史的に重要なマンデートだから、国連の枠内で話し合ってもらいたい。ただ、そればかりでは現実には交渉が進まないケースもあります。何が何でも国連の枠内でと考えるのではなく、まずは実質を重視して、実質に応じてどのようなフォーラムでどのようなことを話し合っていけばいいかを決める。その際、国連の役割はどうなるのかを考える。そういう方向に転換をしなくてはいけないかもしれません。その中でCDはどういう役割を果たすべきなのか。これはCDにとっては微妙な問題ではありますが、アウトソーシングは実際に進んでいます。

吉田：CDで核兵器用核分裂性物質生産禁止条約（FMCT：Fissile Material Cut-off Treaty）の交渉を始められないのなら、アウトソーシングするべきではないでしょうか。少なくとも、次のNPT再検討会議を成功裏に終わらせるためにも、2020年までにFMCTの交渉を開始した方がいいと考えています。

中満：そこは同感です。交渉開始を国連総会で決めるのがいいのか、それとも

Ⅰ　核兵器禁止条約と核軍縮

有志連合の主導で国連の枠外で進めるのが適当なのか、そこはどう考えますか？

吉田：どちらの方法も検討すべきだと思います。ところで、核兵器を全面禁止するには、最後は核兵器に転用可能な核分裂物質をきちんと管理しなくてはなりません。現実には平和利用目的の核分裂物質からも核武装できますが、FMCTによる規制対象の範囲をそこまで広げることには、異論、慎重論も多いです。NPTそのものは、きちんとIAEAの査察を受け、軍事転用していないことが確認できている限り、核兵器に転用可能な核分裂物質でも平和目的に利用することを認めています。TPNWは、そこをどう考えていくのでしょうか。検証制度をどう考え、どんな検証制度ならTPNWの実効性を確かなものにできるかは、今後、大きな課題になりそうですね。

中満：すぐに核兵器廃棄の検証が始まるとはだれも想定していません。TPNW制定を推進した中心的な国々の間では、とりあえず、道義的な圧力をかけることを通じた、非核の規範作りの戦略的意図が大きいと言えるでしょう。

4　北朝鮮問題と核兵器禁止条約

吉田：北朝鮮の核兵器とミサイル開発の動きは、TPNWの交渉に影響しましたか。

中満：それはよくわかりません。私が今のポストに就いて疑問に思っていることは、この条約の推進派が北朝鮮のことをあまり話さないことです。国連軍縮局の中でも、TPNWを担当する人と北朝鮮問題の担当の人との緊密な議論が日常的に十分に行われているとは言えないのが現状です。だが、それに積極的に取り組んでいかないと、本当の軍縮論議は進まないと思います。

　軍縮の専門家は規範作りに関心が集中していて、現実的に北朝鮮問題をどうするかといった問題を考えていない場合が少なくありません。だが、そこはやはりきちんと考えないといけない。北朝鮮問題を現実的に解決するときの政治的な枠組みの一部分、しかし重要な一部分として軍縮を位置づけ、実行することを考えないといけません。国連軍縮局としても、北朝鮮に対する安保理の制裁はきちんと実行していくべきという立場。それも重要なことだが、さらに考

えておくべきことがあります。北朝鮮との対話が始まったとして、実際にどう核兵器放棄を進めていくかというステップを検討していく必要があります。それは軍縮の仕事の大事な部分です。

吉田：関係国間の緊張が高まっている時にでも、軍縮交渉は大事だとのお考えですか？

中満：軍縮というものは、政治的に機微な問題を含んでおり、挑戦が必要でもあります。ただ、軍縮というのは結局、紛争が起きた場合に、大きな惨劇にいたるのを防ぐためにある。軍縮に関する交渉や議論は予防のための課題に収斂していくものです。軍縮努力の中で行っていることは、非常に大きな予防的効果を持ちます。軍縮はまた、紛争に対する政治的解決の一部を構成しています。軍縮努力の中で緊張低減が進み、対話の場が設けられ、信頼も醸成されていく。国際安全保障環境が悪化し、緊張が高まっている時には、軍縮は交渉テーブルにのせるべきではないとの議論もありますが、これには反論したい。実はその逆が正しくて、安全保障環境が悪い時こそ、軍縮について語らなければならないのです。予防的な措置であり、信頼醸成の効果もあるからです。あらゆる論争、紛争の政治的解決に必要なものと認識されるべきだと考えています。

吉田：以前の北朝鮮と違って、今は核実験を 6 度も実施しています。仮に核兵器放棄のプロセスが始まったとして、IAEA の検証だけでは任務を遂行できないでしょう。そう考えると、TPNW に基づく核兵器放棄検証システムの構築は、北朝鮮の非核化プロセスにも応用できる可能性がありますね。

中満：安全保障問題は、基本的には国連加盟国が主導していくことだが、国連には、いろんな意味で（条約の合意内容などの）運用能力があります。その能力は、TPNW に基づく非核化プロセスであっても、関係国の合意に基づく北朝鮮の非核化プロセスであっても活用していくべきだと思います。

5　SDGs と軍縮

吉田：2017 年 8 月の長崎で、"The Imperatives for Disarmament in the 21st Century" と題したスピーチをされました（Nakamitsu 2017）。軍縮を軍縮そのも

のの狭いスコープに絞って考えるのではなく、安全保障、持続可能な開発なども視野に入れて軍縮を考えていくべきとの指摘でした。

中満：グテーレス事務総長の考えでもあります。彼が私を任命するにあたって、軍縮の専門家である必要はない、むしろ専門家でない人を就けたいと言われました。国連の一番の課題は、細部にはまってしまって、細部と全体をどうつなげて、効果的に物事を進めるかという視点が弱くなっていること。そこが彼の問題意識です。だからこそ、軍縮を「持続可能な開発」という大きな枠組みの中で不可欠と位置付けて、アジェンダ2030のなかに武器の問題が入っているのです。

核軍縮についても、包括的な枠組みの中で核軍縮をどう位置付けるかが大切です。TPNWの前文は、「核のない世界の達成と維持」(achieving and maintaining a nuclear-weapon-free world) を、「最上位における地球規模での公共財」(a global public good of the highest order) と位置付けました。なぜならばそれが、「国家安全保障および集団的安全保障の双方にとっての利益」(both national and collective security interests) に資するとの認識だからです。つまりここで、軍縮というものの新たな位置づけ (repositioning) を行っています。核保有国・核の傘国 vs 非核保有国という対立の構図に押し込められる限り、なかなか核軍縮は進まない。前文のこうした認識をいかに共有していくかが今後の議論の基盤になればいいと考えています。

吉田：長崎でのスピーチでは、軍縮が環境問題にとっても重要課題だと指摘しましたね。

中満：TPNW採択にいたった背景には、原動力として人道的な運動があったことはもちろんです。そこは疑いの余地はありません。その一方で近年、環境問題の視点から軍縮の緊急性が高まっているとの見方が広まってきています。こうした動きが、今後の軍縮に大きな潜在的力を与えると考えられます。軍備管理の分野において、環境重視の取り組みが有力な手段であると見られてはいたものの、過小評価されてきた感があります。

2015年に採択された「アジェンダ2030」は、開発や平和、安全保障、環境問題を包括的に組み入れた、普遍的かつ（諸問題が）統合された枠組みです。軍

縮は平和な社会の形成に大きな貢献をもたらすものであり、だからこそ、持続可能な開発目標（SDGs）の実行努力の中に軍縮行動をしっかりと投錨しておくことが大切だと考えています。

【出典】

Yoshida, Fumihiko. 2018. "UN on Nuclear Disarmament and the Ban Treaty: An Interview with Izumi Nakamitsu," *Journal for Peace and Nuclear Disarmament* 1（1）: 93-101. DOI: 10.1080/25751654.2018.1436385

〔翻訳：吉田　文彦〕

II
核先制不使用と核抑止

5

核先制不使用と信頼性のある抑止力

スティーブ・フェター
ジョン・ウォルフスタール

1　核兵器への過剰な依存

　核兵器の先制不使用政策が採用されないがために、核による紛争が起きる可能性が高まっていることは、最近のニュースを見るだけでも十分理解されよう。とりわけトランプ大統領が既存の規範や行動様式を拒否しているために、不拡散の強力な推進者という米国の歴史的立場はいちじるしく損なわれ、核兵器が使用される恐れがすでに強まっている。特に朝鮮半島情勢をめぐっては、北朝鮮も米国も自制心が欠如し、核兵器のもつあいまいさに依存しすぎており、両国のいずれかが事故か計算違いで相手より先に核兵器を使ってしまう恐れがある。ドナルド・トランプは［候補者だった2016年の］大統領選挙において、核兵器の先制使用方針を除外することを拒否し（Sanger 2016）、北朝鮮に対して核兵器を使用することもありうるとほのめかした（Fifield and Wagner 2017）。軍事的冒険主義のロシアもまた、欧州での核兵器使用をちらつかせており（Tucker 2017）、深刻な懸念材料である。米ロ関係は悪化し、両国の核・通常兵器両方の戦力やドクトリンのバランスが崩れていることから、核兵器が使われる危険性が高まっている。

　こうした状況は、ニューヨーク・タイムズ紙（Sanger and Broad 2016）やワシントン・ポスト紙（Rogin 2016a）が2016年に報じたような、オバマ前大統領

Ⅱ　核先制不使用と核抑止

が核兵器の先制使用政策の放棄を検討していた時期と比べると、対照的である。偶発的な核兵器先制使用の可能性の問題については、2010年の「核態勢の見直し」(NPR)の作成過程で深く議論された。その結果、大統領の結論は、米国の核兵器は米国と同盟国への核攻撃の抑止や対処に限るという「唯一の目的」を宣言できるまでに、米国の通常戦力は十分だと言える地点には達していないというものだった。代わりに NPR では、「唯一の目的」宣言が採用されるような条件整備を米国は追求すると明確にした。それが米国の安全保障や核兵器の削減・安定の追求に有益だからだ。2016年5月の広島訪問でオバマ前大統領はこうした考えを明らかにし、こう述べた。「私の国を含めて核戦力を持つ国々は、恐怖の論理を逃れ、核兵器のない世界を追求する勇気を持たなくてはなりません」[1]。

　米国の通常・核戦力や米国が直面する脅威について精通するウィリアム・ペリー（William Perry）元米国防長官やジェームズ・カートライト（James Cartwright）元米戦略軍司令官・統合参謀本部副議長ら[2]は、先制不使用に肯定的な発言をしている。カートライトによると、「現代の核兵器の目的は、敵の先制核攻撃を抑止することだけである」という（Cartwright and Blair 2016）。

　ニューヨーク・タイムズ紙やワシントン・ポスト紙によると、オバマ前大統領が先制不使用政策を採用しなかった主な理由は、同盟国、とりわけ日本の反応を懸念したことにある。ワシントン・ポスト紙によると、実際に、安倍晋三首相は米国が先制不使用政策をとることへの反対の意を個人的に伝えた。それによって、北朝鮮や中国との通常兵器による紛争の恐れが増すと信じているからだという（Rogin 2016b）。だが報道によれば、日本の懸念とは、米国が先制不使用政策をとれば、米国による日本防衛への関与が弱まるとの思いにかきたてられたものだった。これは事実と異なり、直接関係のないことであったのだが、日本側のこうした受け止め方によって、米国が先制不使用をすぐに宣言することはできなくなった。オバマ前大統領は核兵器の先制不使用政策をとることも、米国の核政策の目立った変更をすることもなく退任した。

　トランプ政権による2018年 NPR には、米国が宣言している核政策からの大きな変更があった。そこには、米国が核兵器の先制使用を検討するケースを増

やす措置が含まれる（US Department of Defense 2018）。核保有国が核兵器以外の戦略兵器で攻撃してきた場合にも核兵器の先制使用を検討するとしただけではなく、非核保有国に対して核兵器使用の権利を留保するとした。皮肉なことに、新NPRはこう記している。潜在的な敵は、「地域的であれ米国そのものに対してであれ、核兵器の先制使用による結果を見誤ってはならない。限定的な核のエスカレーションによって得られる利益などないということを理解しなくてはならない。欧州やアジアで、そのような誤解を改めることが今、戦略的安定を維持するうえで緊急に必要なのである」（US Department of Defense 2018, 7）。

その同じ論理がなぜ米国による先制使用に適用されないのかは不明だ。米国の核能力の強化・拡大を求めるトランプ大統領は、米国の核ドクトリンがいかに不拡散や軍縮の達成に影響するかがわかっていないのか、あるいは知りたくもないようだ。前任者よりも核兵器を使う余地を大きくしておきたいのかもしれない。

トランプ大統領がいかに新NPRに基づく核戦略を導入しようとも、彼の決定を方向づけ、米国の立場についての同盟国や専門家の分析に明白に影響を与える一定の事実というものがある。その極めつけが、通常戦力において世界唯一の超大国である米国は、自国であれ同盟国に対してであれ、核兵器以外の脅威への抑止や対処のために核兵器を必要としないという現実である。問題なのは、米国が戦争に勝てるかどうかではない。どのような米国の核態勢が紛争を抑止し、潜在敵に紛争を起こさないように説得できるか、そして核兵器以外の脅威に対して米国の核能力がどの程度使われるのか、である。核兵器は核兵器以外の侵略を抑止したり対処したりするために有用で必須だと信じる者もいれば（Payne 2016; Sestanovich 2016）、それは危険であり、抑止力や危機の安定化を損なうと信じる者もいる。核の先制不使用を支持する者たちにとっての主な課題は、同盟国とともに活動しながら、彼らの安全に対する米国の関与の信頼性がそうした措置によって拡大するのだと、具体的な条件によって理解させることである。

トランプ大統領の態度が物語るように、その言葉や行動は、米国の核政策の

Ⅱ　核先制不使用と核抑止

いかなる変更よりも、同盟の信頼や約束に影響する。核兵器による威嚇への依存を増すのではなく低減させ、より安定した国際秩序を追求する者たちの仕事が、トランプ大統領の支離滅裂な声明や政策によって、妨げられるべきではない。米国、日本、そして他の同盟国は安全保障と同盟の信頼性拡大に努め続けながら、一方で、核兵器の不使用が安定を強め、エスカレーションのリスクを減らすとの規範を強化しなければならない。

　米国と日本との間では、お互いを防衛する上で核兵器が果たす役割についての対話が必要だ。特に、いかなる状況において、米国は日本防衛のために核兵器を先に使用したり、使用するとの威嚇をしたりすべきか。そして日本は、いかなる条件において米国が核先制不使用政策を採ることを歓迎するのかについてである。

　トランプ政権の核態勢はまた、世界の核不拡散・軍縮プロセスの分裂を進めるだろう。2017年に核保有国が不参加のまま成立した核兵器禁止条約は、数年のうちに発効するだろう。条約は、締約国による核兵器の保有や使用、使用の威嚇を非合法化するものだ。米国の拡大核抑止がカバーする同盟国に対して条約署名を働きかけ、それによって米国の維持する核能力を減らそうとする世界的なキャンペーンが行われている。

　核兵器にさらに依存し、それが使われる状況を増やすトランプ政権の核政策転換は、核兵器禁止条約の支持者らを勢いづけるだろう。しかし、もし米国がほとんどの状況で核兵器に頼る必要がなく、自国と同盟国の安全保障を維持する上で核兵器の役割を減らすことができれば、拡大抑止関係を強化する重要な一歩になる。それにより、核兵器禁止条約の勢いをそぐからだ。米国の核政策の目的が、日本や他の同盟国の安全保障に我々がより関与することの保証であるとすれば、防衛や抑止といった我々の軍事的な要求と、不拡散・軍縮に対する我々の幅広い支持との間で、バランスをとり続けなければならない。前者に比重を置きすぎて後者をないがしろにすれば、日本や北大西洋条約機構（NATO）諸国は核兵器禁止条約に加わり、米国の防衛力を直に弱めることになるだろう。

2　冷戦の起源

　先制使用の議論は第二次世界大戦後まもなく始まった。欧州は東西に分断され、東側に配備された兵士や戦車、大砲の数は、西側をはるかに上回った。依然として戦後復興の途上にあった西欧諸国は、ソ連軍の強さとみなされたものに匹敵するような能力も意志もなかった。4)

　1948年のベルリン危機が明らかにしたのは、ソ連は侵略的であり、米国は通常の手段だけではそれを止められないということだった。危機の後、ソ連の欧州侵攻を抑止し、それに対処するために、米国は核兵器を使用する政策を採用した。

　1949年のソ連による核兵器保有によって、米国はその政策を破棄するどころか、核兵器や長距離爆撃機の生産を加速させ、核の優位性や核兵器使用の威嚇の信頼性を保つために熱核兵器［水素爆弾］の開発を始めた。

　ソ連とワルシャワ条約機構の大軍に低コストで対処するため、アイゼンハワー政権は核兵器をより重視した。5) 米国は1953年、欧州の戦場で使うための核地雷や砲弾、ロケット砲、爆弾といった多数の戦術核兵器の生産と前方配備を決定する。アイゼンハワーは「大量報復（massive retaliation）」政策も採用し、いかなるソ連の攻撃も、米国は即時かつ大量の核による報復をもって対処することを約束し、侵攻を食い止めながらソ連内にある戦略目標を破壊するとした。これは時に「安上がりの安全保障（security on the cheap）」と呼ばれた。ソ連軍に匹敵するような軍隊や戦車を追加するよりも、かなり安価だったからである。

　1950年代初めは、まだソ連は米国を攻撃する能力がなかったので、こうした米国の脅しに信頼性があった。しかし、ソ連の核能力が高まるにつれて、米国本土はソ連の核攻撃に対してますます脆弱になり、核戦争を始めるとの米国の脅しの信頼性に疑問符がつくようになった。この状況は、こう要約されている。「ロンドンやパリやハンブルグを救うために、米国大統領はニューヨークやワシントンやシカゴをリスクにさらすだろうか」。米国はそうするだろうとソ連と米同盟国の双方に信じさせることが、核開発競争の遂行においてカギと

なる要素であった。それが、1960年代後半までに7000発以上の戦術核兵器を欧州に配備することにつながった（McNamara 1983, 62-63）。また、ソ連の侵攻を止められなければ、欧州を守るための兵器そのものによって欧州が破壊されてしまうという、極めて現実的な可能性も浮かんできた。

ソ連が米国との核の均衡をほぼ達成したことで、米国が先に核兵器を使用するという脅しの信頼性に深刻な疑問が呈され、欧州の指導者の間に懸念が広がった。米国が破壊されることにつながるのなら米大統領はこれを実行しないのではないか、そのことが分かっているソ連が一か八かで侵攻してくるかもしれない、と。米国とNATOは、核報復の信頼性を高めるため、危機の段階的拡大（エスカレーション）を抑える能力を制限するといった一連の危険な政策をとり、数十万の米兵と数千発の核兵器が国境近くに配備された。侵攻されれば直ちに奪われ、「使うか失うか（use-it-or-lose-it）」とでもいうべき場所であった。

ソ連は大量の戦術核兵器を前方展開して対抗し、先に使うことはないと誓った（これは偽りだったことがのちに明らかになる）。これを受けてNATOは、モスクワやソ連の内陸部の標的を狙える地上発射型中距離巡航ミサイルとパーシングⅡ弾道ミサイルの欧州配備を決めた。核戦争を欧州だけに封じ込めないで、米国を欧州により強く「結合（coupling）」させるものと見られた。

3　冷戦の終わり

この論理は、冷戦の終結と、ワルシャワ条約機構やソ連の解体とともに崩壊した。通常兵力で米国とNATO側は断然優位に立ち、ソ連あるいはロシアの通常兵器による攻撃を抑止するために核兵器先制使用の威嚇の必要はなくなった。核兵器は核攻撃の抑止のためだけに必要とされ、そのような攻撃がありうるのかどうかも定かではなくなった。

冷戦後初の米国防長官だったレス・アスピン（Les Aspin）は米国の核政策の見直しを命じ、先制不使用が新たな不拡散政策の基盤になりうるとした。残念ながら、そのNPRとそれに続く2つのNPRは先制不使用を採用しなかった[6]。米国の核兵器こそが安全保障の基礎だと何十年にもわたって米国の当局者

らから言われてきた同盟国側が懸念を表明したためである。この考え方やドグマはなかなか変わらなかった。

　1993年11月、ロシアは先制不使用政策を放棄した（Schmemman 1993）。通常戦力の劣勢を跳ね返すため、ロシアが独自に米国流のアプローチをとったとも言えよう。1999年にポーランド、ハンガリー、チェコ共和国、2004年にバルト諸国へとNATOが拡大したのに伴い、ロシア側の先制核使用の威嚇への依存は深まった。さらにロシアは近年、ロシア国境近くに配備された通常兵力で優勢なNATO軍との紛争において、爆発力の小さい戦術核兵器を先制使用することを視野に入れた「鎮静化のための激化（escalate to de-escalate）」ドクトリンを採用した可能性がある。ロシア当局者は反論しているが（Oliker 2016）、米軍当局者はそう確信しており、この政策の意味するところについて対処を進めつつある。ロシアのドクトリンは、通常兵器による紛争で劣勢となり、国家存亡の危機に陥った場合にのみ、そうした先制核使用は実行されると主張する。[7]しかしながら、米側にとっては、ロシアが簡単に賭けに出ると言っているように聞こえる。ロシアがウクライナに侵攻したような形でバルト諸国に侵攻し、NATO軍がロシア国内の標的に攻撃を加えて［ロシア軍を］撃退するような事例が想定されよう。プーチン大統領は、国家運営ができなくなるような壊滅的な敗北の機先を制して核兵器使用の誘惑に駆られる。こうしたシナリオのため、米軍の政策立案者は、ロシアによるいかなる先制核使用も抑止する道を模索しようとするのだ。

　米国と同盟国は、すべての潜在敵に対する軍事的優位性を保持している。2010年NPRで米国は、核不拡散を遵守している非核保有国に対しては核兵器を使用したり使用の威嚇をしたりしないと宣言した（US Department of Defense 2010）。核兵器を持たない単独あるいは集団の敵に対して、想定しうるあらゆる場合において米国の通常兵力は凌駕しており、核兵器使用の威嚇の必要性は明白に拒否された。この言明は、核不拡散の義務を遵守する国々に対して明確なインセンティブを与えるためでもあった。

　核武装国に対しても、同様の考え方が現れた。核武装した敵からの通常兵器による攻撃を抑止したり対処したりするためにも、核兵器使用の威嚇をする必

要はなかったし、今もないのである。［2010年の］NPR とオバマ政権のチームは、核兵器の唯一の目的は核攻撃の抑止や対処だけとする政策を検討したが採用には至らなかった。「唯一の目的（sole purpose）」について同盟国がどう反応するかについての懸念があったためである。だが NPR では、米国の核兵器の唯一の目的は米国や同盟国への核攻撃を抑止するためであり、そのために通常兵力を強化して核兵器の役割を低減すると誓約した。2016年までに状況は大きく進展し、バイデン副大統領はワシントン D.C. での最後の国家安全保障演説でこう述べた。「米国が核兵器を先制使用する必要があるとか合理的だとかいう妥当なシナリオを描くのは難しい」[8]。

4　先制不使用と「唯一の目的」、拡大抑止、そして「核の傘」

　ほとんどの専門家は、「唯一の目的」は先制不使用と本質的に同義だと考える。核兵器の唯一の目的が他者による核兵器の使用を抑止することならば、核兵器を先に使用したり使用の威嚇をしたりする理由はないからだ[9]。抑止はもはや核心の任務ではなく、唯一の任務である。先制不使用あるいは唯一の目的政策により、米国や日本などの同盟国が核攻撃を受けた場合の報復としてのみ、米国は核兵器を使用したり使用の威嚇をしたりする。

　核兵器を先制使用するとの威嚇が不要ならば、完全な信頼性があるとはいえない。同様に、信じられない威嚇もまた、他の約束の信頼性を弱める。信じられない威嚇をやめれば、残された核使用のシナリオ、すなわち抑止の信頼性は高まる。

　この議論に深く関係するのが、「拡大抑止（extended deterrence）」と「核の傘（nuclear umbrella）」の概念である。どちらも、日本や韓国、NATO といった同盟国に、米国が核兵力による防護を広げうるとの考え方で、米国が核兵器で報復すると脅すことにより同盟国への攻撃を抑止できるとする。しかし、拡大抑止あるいは核の傘には２種類あり、２つが明確に区別できないために、先制不使用についての混乱の多くが生じている。

　第１のタイプの拡大抑止は、核攻撃の抑止である。この場合、米国は自国の核兵器を報復として使うと脅すことによって、日本や他の同盟国への核攻撃を

抑止する。要するに、日本への攻撃は米国そのものへの攻撃に等しいと米国は宣言する。敵が米国の同盟国に核兵器を使用したあとにのみ米国は核兵器を使用するので、この約束はいずれにせよ、先制不使用の宣言によって損なわれない。米国の核の傘は、北朝鮮や中国、ロシアの核攻撃から日本を守り続けるだろう。

　第2のタイプの拡大抑止は、核兵器以外すなわち通常兵器による攻撃を抑止するために核能力の使用を模索するものだ。これは冷戦期に米国が行使した拡大抑止のあり方で、核兵器によって対処すると脅すことによってソ連の西欧侵攻（あるいは北朝鮮の韓国侵攻）を抑止しようとした。この形式の拡大抑止は、とりわけロシアや中国に対しては効かない。すでに核兵器による報復で米国の都市を破壊できる国に対して、米国は核戦争を始めるぞと脅しているからである。この脅しはありえると相手に思わせるために、武装したワルシャワ条約機構の面前で、1980年代にNATOと米国は地上配備型の巡航・弾道ミサイルを膨大に配備しなければならず、同盟の結束と安定性が厳しく試された。

　敵が化学兵器や進化型の生物兵器を使用する可能性はこの全体状況の中でどう位置づけられるかということについて、深刻な懸念がある。実際に、生物兵器による威嚇は将来の懸念事項であり、2010年NPRは、非核保有国が核兵器に近い衝撃を持つ生物兵器を開発し、使用しようとすれば、［非核保有国を攻撃しない］消極的安全保障は修正されうると明記した。だが、生物兵器による攻撃に対して核兵器使用の威嚇をすることに信頼性があるのか、あるいは軍事的な実用性があるのかは、全くあいまいである（Sagan 2000）。現在、進化型の生物兵器を模索している国々にも、核兵器と同じような計算が見られる。すなわち、通常兵器あるいは安全保障面で劣勢である国は、米国の通常兵器の能力に対抗するために何らかの方法を模索するということだ。核兵器使用の威嚇をしても、この計算は変わりそうもない。なぜなら、根底にある拡散への誘因に対応していないからだ。猛毒で致死性の高い生物兵器を使えば、理論的には核兵器の使用と同じくらい、あるいはより多くの犠牲者を出すかもしれないが、核による対処は効果的でも必要でもなく、抑止力として効果的であろうはずもない。

5　先制不使用と日本

　そうして今日の状況がある。核・ミサイル能力を進化させる攻撃的な北朝鮮の目の前で、日本は自国の安全保障について正当な懸念を抱いている。中国やロシアによる核攻撃の可能性も、低いとはいえ、ある。しかしながら、米国の戦略核兵器は、そうした攻撃に対して極めて効果的な抑止力である。米国は実戦用に4000発以上の核兵器を保有し、戦略核戦力すべてを近代化しようとしている。米国が先制不使用政策をとっても、この核の傘の要素が損なわれることはない。日本への核攻撃への報復として、米国が核兵器を使用すると脅すことには、大いに信頼性がある。日本は非常に緊密な同盟国であり、10万人を超える米軍人とその家族が日本に赴任しているからだ。

　日本が米国の先制核不使用に反対することは、究極的核軍縮を支持していることと整合性がない。前述したように、先制不使用とは「唯一の目的」宣言と同義である。核兵器の唯一の目的が他者の核使用を抑止することならば、論理的にみて、他国もすべてそうすることが確実という条件の下で、その国は喜んで核兵器を放棄することになろう。他国もすべてがそうすると信じているのであれば、だ。どの国も核兵器を保有していないのなら、他国からの核使用を抑止するために核兵器を保有する必要はない。だが、米国は核兵器の先制使用をちらつかせて脅すものと日本が信じているのなら、核攻撃以外の抑止にも核兵器が必要だと言っていることになる。核兵器が削減されたとしても、こうした他の理由は存在し続けるだろう。先制不使用に反対する日本は、核軍縮の原則そのものに反対していることになる。

　日本が安全保障上の脅威に直面していないといったような、核軍縮に向けた他の条件があるので、日本が核軍縮の原則に反対しているなどということは事実ではないという人もいるかもしれない。だが、すべての国が平和で満足している時にはじめて核軍縮が達成できるというのは、核軍縮は不可能だと言っているようなものである。

　先制不使用に米国と日本が反対すると、不拡散にはマイナスである。米国と同盟国はかつてない世界最強の軍事同盟だ。米国だけでも中国の4倍、ロシア

の10倍の軍事費を費やしている。米国と同盟国を合わせると、世界の軍事費の70パーセント以上であり、すべての敵国や潜在敵国を合わせた4倍以上である（International Institute for Strategic Studies 2017）。日本は島国なので、冷戦期のドイツよりも防衛しやすい。核兵器以外の攻撃に対しても米国は核の先制使用やその威嚇を行使しなければならないと日本が信じるとすれば、それは他国に対して、特に米国の同盟国以外に対して、どんなメッセージを送ることになるだろうか。弱くて守りにくい国ほど、核兵器が必要だと言うだろう。先制不使用政策は不拡散の努力を強化し、これに反対することはその努力を弱めることになるだろう。

　米国が核兵器先制使用のオプションを維持することで、通常兵器による日本への攻撃の抑止になっていると、日本政府は明らかに信じている。問題は、いかなる抑止を提供していて、その費用対効果がどうなのかである。通常兵器攻撃への核抑止はただではすまない。そうした脅しは信頼性に欠けているからだ。冷戦期の欧州に見られたように、核の威嚇の信頼性を上げれば、核戦争の恐れが高まる結果が伴う。通常兵力を強化するほうがはるかに良い。核使用に訴える理由がないし、より信頼できる抑止力を与えることになる。

6　先制使用のシナリオ

　先制不使用の議論に最も欠けているのが具体的なシナリオの検討である。核兵器先制使用の威嚇が強力な抑止力になる、あるいは、実際に核兵器を先制使用することが日本防衛に必要だというシナリオに関して、日本は具体的に何を想定しているのか。

　今日最も蓋然性があるシナリオは北朝鮮による攻撃だ。前述したように、日本に対する北朝鮮の核攻撃に米国が核で対処することは、核先制不使用政策によって何ら影響を受けない。米国の核による報復の脅しは、当然にも、北朝鮮の核攻撃を抑止することになろう。それは信頼性の高い威嚇だからだ。だが、北朝鮮は他の攻撃を仕掛けてくるかもしれない。韓国防衛用の空軍基地や港湾に通常爆弾を搭載したミサイルや特殊部隊による攻撃を加えたり、日本経済をまひさせるようなサイバー攻撃を仕掛けたりといったシナリオで、米国が核兵

Ⅱ　核先制不使用と核抑止

器を使用することになるなどと日本は想像できようか。

　こうした攻撃を実施した北朝鮮の基地を破壊し、日本へのさらなる攻撃を阻止するために、核兵器は不要だ。米国が北朝鮮に対して核兵器を先に使用すると決定するならば、北朝鮮のすべての核兵器や、それを韓国や日本に撃ち込む運搬能力を破壊できるとの確信があるからだろう。米国が北朝鮮に対して核兵器を先制使用したいと提案すれば日本は抵抗するだろう。それによって北朝鮮からの核攻撃を誘発しかねず、東京や他の日本の都市への恐るべき結果を伴うからだ。だが、米国と日本が北朝鮮への先制核使用が合理的だと信じていないのであれば、そうするとの脅しは北朝鮮による核兵器以外での攻撃に対する信頼性のある抑止力とはならない。

　おそらく最もありうる中国との紛争のシナリオは尖閣諸島においてである。日中双方が戦艦や戦闘機を送りこみ、警告射撃ののちに武力紛争が始まる。そうした紛争を抑止したり対処したりするのに、米国の核兵器がどんな役割を果たすと日本は想像しているのだろうか。まさか、日本が領有を主張する無人の岩礁を守るために、米国が核兵器を使用して、紛争に関与する中国の艦船や航空基地を攻撃するなどとは想像しないだろう。これは明らかに不要であり、バランスを欠いているので、世界中で米国と日本に対する反対世論が高まるだろう。このような紛争において意味のある核兵器の使用はないと米国と日本が信じるのなら（当然そう信ずるべきなのだが）、尖閣諸島防衛に核兵器使用の威嚇が当てになるだろうか。しかし、威嚇が当てにならないのならば、効果的な抑止力にはなりえない。

　最後のシナリオとして、おそらく台湾防衛か、南シナ海での中国の活動への対処をめぐる米中の紛争に日本が引きずり込まれることが考えられる。紛争に対処する在日米空・海軍基地を中国が通常型ミサイルで攻撃するかもしれない。このシナリオで、日本は米国に先制核使用を望むだろうか。するとすれば、標的は何か。中国のミサイル基地のいくつかは、核と通常兵器搭載の両方のミサイルを配備している。中国の核基地を米国が核攻撃すれば、中国側はその核能力を全滅させようと意図した先制攻撃だと受け止める。中国は核の先制不使用を宣言し、ほとんどの専門家はそれを真剣なものと信じている。しか

し、核攻撃に対しての報復も誓っている。日本の基地への中国の通常兵器による攻撃に対して、米国が核兵器で対処し、それが引き金となって中国がおそらく核兵器で日本を攻撃するような事態を、日本は望むのだろうか。もし答えが「ノー」なら、そうするとの脅しは当てにならないし、抑止力としてはほとんど価値がない。

7　約束の罠

「見たことのない炎と怒り」(Baker and Choe 2017)。核兵器使用の声明やあいまいな脅しが持続的な結果をもたらすことを、我々はリアルタイムで目撃している。北朝鮮との紛争において核兵器を先制使用する意志を示唆したトランプ大統領の声明は、偶発的に核兵器（使用の恐れ）が増大するリスクを悪化させた。平時でも、そうしたあいまいな脅しは、好ましいものではない。例えば、核兵器以外の脅威に対して核兵器を使用する意志や能力があると米国が繰り返し述べたり誇示したりすることで、明らかに米国の当局者らはそれが再確認されたと信じている。核兵器以外の事態への対処として、米国大統領が「すべての選択肢がテーブルにある」として核兵器使用に言及すれば、それによって中国や北朝鮮が通常兵器による攻撃をしかけて戦争を引き起こす恐れが少なくなると、日本は想像するのかもしれない。しかし、米国が核兵器を保有することを中国や北朝鮮はよく分かっているので、明白に脅す必要はない。中国や北朝鮮、あるいは日本によって、それが核兵器使用以外の事態への対処として核による威嚇をするとの直接の約束だと受け止められれば、「約束の罠（commitment trap）」(Sagan 2000)が生み出される。こうしたケースでは、それが賢明でなく、避けようがあった壊滅的事態を招くとわかっていても、日米は核によって対応しなければならないと感じてしまうかもしれない。もし我々が朝鮮半島で戦っていて、通常兵器による戦争になりそうな時に核兵器を使用したら、北朝鮮は韓国に対してさらに壊滅的な核攻撃をして、いかなる通常兵器による紛争も手詰まりとなる。しかし、逆に、核兵器で対応しないなら、過去の核兵器使用の約束が「はったり」だったと暴露され、米国のすべての安全保障や軍事問題における信頼性に疑問符がつくだろう。

Ⅱ　核先制不使用と核抑止

　だからオバマや多くの元大統領は、「約束の罠」によって不要な核兵器使用を強いられることがないように、米国が核兵器を使用する条件を制限しようとしてきたのである。

　この懸念は、ほとんどのシナリオにおいて核兵器を先制使用する意志を示すことにも当てはまる。通常兵器や何らかの核兵器以外の脅威に対して米国が核兵器を先制使用すると示唆することで、核による報復の約束の信頼性が損なわれる。それは、現在や将来において、同盟が直面する脅威の性質に見合わない。まずもって、核で威嚇したところで、核や生物兵器を手にしようする誘因に対処できない。北朝鮮とおそらく中国もそのうち通常兵力で劣勢になり、核兵器以外の選択肢を検討するだろう。通常兵力で優位に立つ米国が、核兵器先制使用の威嚇をすれば、米国の通常兵器の能力が疑われよう。通常戦力に完璧な自信があるのなら、核攻撃以外の事態に核兵器を使用すると脅す必要がないからである。

8　通常兵器による戦争のための通常兵器の準備

　核による威嚇がほとんどの通常兵器による攻撃を抑止できないという事実と、そうした攻撃に対して賢明な核兵器の使用はないからといって、通常兵器による攻撃を抑止したり、やめさせたり、あるいは米国がそうすると約束できないというわけではない。

　米国と日本は通常兵器によって通常兵器による侵略を抑止し打ち負かすことを計画しなければならない。こうした状況に効果的ではない核の傘という魔法には依存できないし、そうすべきでもない。

　米国が核兵器の先制不使用を宣言することは、米国による日本防衛の関与を弱めるものではない。それどころか、核兵器が核兵器以外のほとんどの攻撃を抑止できないことを認め、それらを抑止し対処する通常兵力を持つことで、日米両国の安全保障はむしろ強化されるだろう。

【解説注】
　A）　ドナルド・トランプ（@realDonaldTrump）の2017年8月9日のツイッターのコメント（https://twitter.com/realDonaldTrump/status/895252459152711680）。「大統領とし

ての私の最初の命令は、我々の核戦力を刷新し近代化することだった。これまでよりもはるかに強力でパワフルなものになった」。トランプ大統領はまた、米国の核戦力を10倍強化するよう訴えたともいわれている。もっとも彼は、後にこれを否定している（Kube et al. 2017）。

【出典】

Fetter, Steve & Wolfsthal, Jon. 2018. "No First Use and Credible Deterrence," *Journal for Peace and Nuclear Disarmament* 1(1): 102-114. DOI: 10.1080/25751654.2018.1454257

〔翻訳：田井中雅人〕

6

核 先 制 不 使 用
―― 日本国内の賛否両論を克服する道

阿部　信泰

1　はじめに

　核兵器に関する日本国内の議論は1950年代前半にさかのぼる。議論は主に日本自身が核兵器を持つべきか、それとも米国の核兵器に依存し、米軍の日本駐留を受け入れるべきかということが主な論点だった。核兵器の先制使用を認めるべきか否かという論点はこうした主要論点の一部だった。これらの主要論点はその後、非核三原則という形で1967年に当時の佐藤栄作首相によって確立された。この功績によって同首相は後にノーベル平和賞を授与された。三原則のうち核兵器を持たず、作らずの二つは1976年に日本が核不拡散条約（NPT）を批准したことによって国際的に確定された。こうして日本は、自らは核兵器を持たず、米国の核の傘（拡大核抑止）に依存することになったので、日本にとって核先制不使用の問題は、日本として米国の核抑止政策をどう理解し、日本にとって信頼し得るものとして受け止めるかという問題になった。

　広島・長崎の原爆を体験し、ビキニ環礁で行われた水爆実験による死の灰を目の当たりにした日本の核廃絶論者にとって、主な主張は、世界的な核兵器の廃絶、日本の核兵器不保持、核兵器の日本への持ち込み禁止と、これらに基づいて日本に与えられるべき日本に対する核兵器不使用の保証だった。核先制不使用は核兵器使用の危険性を減じ、核軍縮を促進する効果があるので、これら

の議論の一環だった。しかし、日本の安全保障現実主義者は、こうした考えはソ連や中国の核先制不使用宣言を真に受けるナイーブなものだと退けてきた。ソ連や中国の核先制不使用政策を確認・検証する術が無い上、政策はいつでも変えられるのでこれを信用するのは危険だということだった。また、米国が核先制不使用政策を採用すれば敵側が安心して生物・化学兵器攻撃、あるいは大規模通常兵器攻撃をしかけられるという懸念もあった。こうした懸念は、冷戦時代はソ連に関して、冷戦後は北朝鮮に関して抱かれた。この懸念は今日まで存続し、核廃絶論者と現実主義者との間の大きな論点となっている。

　日本政府内では、2009年夏に自民党が総選挙で大敗するまで現実主義が長く支配的で、1994年の米朝合意の枠組みの際の日本政府の対応で明らかにされ、2009年の選挙後に民主党の鳩山内閣が登場するまで幾度か表明され続けた。2009年末に岡田外相がクリントン米国務長官に宛てた書簡では新政権の核先制不使用政策志向が明確に示された。当時、日本は進歩的立場に大きく動いたかに見えたが、この転換は長続きせず、2012年の総選挙で民主党が大敗を喫して終焉を迎えた。2016年に政権末期のオバマ大統領が核軍備管理政策を推進しようと最後の努力をした際には、安倍首相が核先制不使用政策採択に反対を表明した。

　以下の節では、北朝鮮の核問題との関係、核不拡散・核軍縮国際委員会（ICNND）の作業の過程、2010年と2018年の米国の「核態勢の見直し」（NPR）の過程における核先制不使用政策に関する動きを検証する。続いて、これまでに示された核先制不使用政策採用のための方策を検分し、現在の核軍縮・不拡散への動きの中で日本における先制不使用政策賛成派と反対派の対立を克服する道を示唆する。

2　北朝鮮の核兵器開発

　1992年に北朝鮮の核兵器開発の疑惑が浮上する以前の段階でも、韓国とそこに駐留する米軍は非武装地帯の北側に終結した大量の北朝鮮軍と、北朝鮮が保有すると言われる大量の化学兵器、そして開発を進めていると疑われる生物兵器の脅威の下にあった。こうした北朝鮮による非核脅威の問題は1994年の米朝

II 核先制不使用と核抑止

合意の枠組みの中で米国が北朝鮮による核兵器計画放棄の見返りとして核兵器を使用しないという保証を与えたときに表面化した。

北朝鮮は化学兵器禁止条約に加入していないので、化学兵器の保有は違法ではなく、実際、大量の化学兵器を保有し、その兵器化も実現していると見られている。北朝鮮は生物兵器禁止条約の締約国ではあるが、この条約には条約遵守を検証する規定がないため、北朝鮮は密かに生物兵器の開発を進め、これを配備していると見られている。南北の軍事境界線をはさむ非武装地帯の北側に北朝鮮が大量の通常戦力を集中していることも韓国に対する深刻な脅威となってきた。このような北朝鮮の核兵器以外による脅威の問題は、米国が北朝鮮に核兵器を使用しないという保証を与える都度浮上してきた。

1994年10月21日に署名された米朝枠組み合意の第III項（1）で米国が北朝鮮に対して「核兵器の使用あるいはその脅威を用いないという正式な保証を与える」と約束した。この条文からは、いつどの時点で米国がこのような保証を正式に与え、いつからそれが有効になるか明らかでなく、他の条項では、米朝が「核兵器のない朝鮮半島の平和と安全保障のために協働する」と将来の目標として記述しているものの、このような核兵器不使用の保証は、生物・化学兵器の使用、そして大量の通常戦力による韓国への侵攻に対する核抑止力を除去することになるため、日本政府は懸念を深めた。当時北朝鮮との交渉に当たったロバート・ガルーチ代表は、合意の枠組み公表の直前の9月12日に外務省の柳井俊二総合外交政策局長から強い申し入れを受けたと回想している。同局長は、生物・化学兵器には直接言及しなかったものの、核兵器不使用の保証を無条件で与えることに懸念を表明した。この懸念は2001年のNPRと2002年の国家安全保障政策報告でブッシュ政権が核先制使用の道を開けたことである程度手当てされた。枠組み合意自体も2003年に崩壊したので懸念は現実のものとはならなかった。

次に先制不使用が問題になったのは、2005年9月北京で開催された6者協議第4回会合終了後に出された共同声明だった。その第1項には、以下の表現が盛り込まれた。（傍点筆者）

1. 6者は、6者協議の目標が朝鮮半島を平和裏に検証可能な形で非核化することであることを一致して再確認した。
北朝鮮は、核兵器と現在の核計画をすべて放棄し、早期にNPTとIAEA保障措置に復帰することを約束した。
米国は朝鮮半島に核兵器を配備していないこと、核兵器にせよ通常兵器にせよ北朝鮮を攻撃したり、侵略したりする意図がないことを確認した。

このように核兵器で北朝鮮を攻撃ないし侵略しないと無条件で約束することは、生物・化学兵器あるいは大量の通常戦力による攻撃／侵略に対して核兵器を使用する可能性を排除することを意味した。ただ、共同声明の中のこの表現は「意図」の表明にとどまり、法的な約束には至らないものだった。当時ニューヨークタイムズに掲載されたデービッド・サンガーの解説でも、共同声明は暫定合意のようなものであるとされた。

読売新聞によれば、この6者協議が始まる直前の2003年8月23日にも、外務省の薮中三十二アジア局長が米国のジェームズ・ケリー（James Kelly）東アジア太平洋担当国務次官補に対して「北朝鮮が核兵器を放棄すると約束しても、1994年の時のように北朝鮮に対して核兵器を使用しないと約束するようなことがないよう確認を求めた」という。

この6者協議共同声明の合意は、翌年の2006年に北朝鮮が最初の核実験を行って合意の根幹を揺るがしたため大きな危機に直面した。6者協議は一応継続し、2007年に共同声明実施の計画が採択されたが、2009年に北朝鮮が2回目の核実験を行うに至って6者合意は自然消滅した。

2012年2月29日の閏日合意は、2018年6月12日のシンガポール米朝首脳会談以前では、米朝間で成立した最後の合意であり、さらに短命に終わった。合意は明示的に核兵器先制不使用あるいは消極的安全保証には言及しなかったし、そもそも米朝間で合意された文書も存在しなかった。ただ、北朝鮮の中央通信が報じた内容によると米朝双方が2005年9月の共同声明の約束を再確認したということなので、閏日合意は間接的に2005年の安全保証を再確認したと言えよう。中央通信が引用した合意では、「米国が北朝鮮に対してもはや敵対的意図は持っていないことを再確認した」とあるので、米国が2005年の保証を間接的

に再確認したと解釈していると取れる。閏日合意自体は、基本的に米国からの大規模食糧支援の代わりに北朝鮮が核実験と長距離弾道ミサイルの実験を控えるというものであった。

しかし、この合意は合意から16日後に北朝鮮が人工衛星を打ち上げたと発表したときに崩壊した。衛星の打ち上げそのものには失敗したものの、米国の立場からすればこれは弾道ミサイル実験に等しく、合意の基本部分の違反を意味した。北朝鮮は、衛星打ち上げは宇宙開発活動であって弾道ミサイルの実験ではないとの立場を取った。人工衛星の打ち上げには大陸間弾道弾と同じかそれ以上のロケット推進力を必要とするので、この灰色領域は依然として米朝間の係争の的であり、中国・ロシアも時折、北朝鮮を支持する立場を取っている。

3 核不拡散・核軍縮国際委員会（ICNND）

日本とオーストラリアにおいては核軍縮の促進は大きな政治的課題であり、特にオーストラリアにおいては労働党政権下においてそうであった。したがって、2008年7月に時の労働党政権のケビン・ラッド（Kevin Rudd）首相が訪日した際に日本の福田康夫首相に対して核不拡散と核軍縮問題を検討する国際委員会の設立を提案し、両者間で合意したことはある意味で自然な展開であった。両首相によってギャレス・エバンスと川口順子の両元外相が共同議長に指名され、委員会は「核不拡散・核軍縮国際委員会」（ICNND）と命名された。エバンス外相は学生時代に広島を訪れて以来、核軍縮推進に強い熱意を持ち、キャンベラ委員会が1995年に設置され、1996年に報告書を提出した当時の外相を務めた経験を持っていた。当時は冷戦終結後間もなく、世界がついに核兵器使用の脅威から脱却できるのではないかとの楽観的雰囲気が強く、委員会は核兵器廃絶を訴えるトーンの報告書を提出した。確かに北朝鮮による核開発の懸念が1992年に現れたが、1994年の合意の枠組みによって手当てされたかのごとく見えていた。しかし、その後、ICNNDが設置された2008年までの間には、1998年にインド・パキスタンが核実験をし、2003年には米朝合意の枠組みが崩壊、核その他の大量破壊兵器所持の疑惑からイラク戦争が勃発して、冷戦終結後の楽観論は後退してしまっていた。このためか、ICNNDは核軍縮よりも核

不拡散を先に置き、不拡散と軍縮を推進するための現実的方策を検討することに主眼を置いた。

　ICNNDの報告書は2009年に公表され、核兵器保有国が保有核兵器を最低限可能な水準にまで削減する第一段階と、最終的に核兵器を全廃する第二段階の２段階に分けて核軍縮を実現することを提言した。

　核軍縮に向けて早期に取るべき措置としてエバンス共同議長が特に関心を示したのが核兵器先制不使用だった。もしすべての核保有国が核先制不使用政策を採用すれば、核奇襲攻撃の脅威はなくなり、警報下即核兵器発射態勢を取る必要がなくなり、即応体制を軽減でき、誤報・誤算による核戦争勃発の危険性を低減できるという考えだ。核先制不使用政策を推進しようとする提案は川口共同議長他の日本からの参加者の反対に遭った。北朝鮮による生物・化学兵器使用と大規模通常戦力攻撃の脅威が存在する状況において米国が核兵器で反撃しないということを明確にすれば北朝鮮が安心して生物・化学兵器を使用あるいは大規模通常戦力攻撃をしかける危険があるという理由だった。米韓両軍の軍事優勢によって最終的には北朝鮮が撃退されるかもしれないが、その過程において大量の犠牲をもたらすことになるので、米国が核兵器をもって反撃する可能性をあいまいにして置く方がよいという考えだった。ICNNDは最終的に「核兵器が最終的に廃絶されるまでの間、核兵器保有国は、核兵器を予防的あるいは先制的に使用せず、当事国あるいはその同盟国に対する核兵器の使用に対抗する手段としてのみ核兵器を使用するという不可逆の先制不使用宣言をすべきである」との提言を採択した（ICNND 2009, 75）。

　ICNNDにおける議論では、「先制不使用」と「唯一の目的」(sole purpose) はほぼ同じ意味として互換的に使われた。前者は文字通り、相手側が核兵器を使わない限り核兵器を先に使わないということを意味するが、後者は核兵器の保有・使用の目的が相手側の核兵器使用を抑止し、使用に対抗するためにあるという意味で、語感として、前者は相手側がいったん核兵器を使ったらこちらは何の制約もなく核兵器を使えるようになるという印象を与えるが、後者はどちらかが使用した後でも核兵器の使用目的に対する制約は存続するという印象を与えた。また、議論の過程では、体制崩壊後の東ドイツで発見された文書か

II 核先制不使用と核抑止

ら、冷戦中ソ連がしきりと核兵器先制不使用を喧伝していたにもかかわらず、実際はワルシャワ条約機構が戦闘の早期から核兵器を使用することを想定していたことが明らかになり、核先制不使用政策の信頼性の問題が提起された。このため報告書の提言では「先制不使用の『不可逆の』約束」という表現となった。

> 「ICNNDとしてはできるだけ早期に『唯一の目的』政策がより強固な『不可逆の先制不使用』約束に転換されることを望むが、過去において先制不使用政策が本当に真剣に遵守されようとしたかという問題があったことは認めざるを得ない」(173)。

ICNND報告書の別の個所では、「唯一の目的」と「先制不使用」は実質的に同じことを意味するが、「唯一の目的」の方がより新しいよい表現だという記述がある。特に日本との関係では、先制不使用政策が往々にして中国の宣伝文句として受け止められてきていることから、「唯一の目的」の方が受け入れられ易い表現と取られるかもしれない。

> 「しかしながら、ICNNDとしては、冷戦中ソ連の『核先制不使用』という表現がソ連による単なるプロパガンダに過ぎないと相手にされなかった経緯があり、現在も中国・インドによる先制不使用宣言が同様な疑念をもって受け止められていることを認めざるを得ないので、当面は『唯一の目的』という実質的に同じことを意味する表現を採用した方がよいかもしれないと考える」(177: 17.28)。

ICNND報告書は、米国の拡大核抑止の利益を受けている国の懸念に応えるため、さらに二つの提言を盛り込んだ。

> 「もしいずれかの核保有国が現状においてこのような（核先制不使用）宣言ができない場合には、核兵器が最終的に廃絶されるまでの間、少なくとも核兵器の目的を、相手側による自国あるいは同盟国に対する核攻撃を抑止することのみを限定するという原則を受け入れるべきである」(177: 17.28)。
> 「この場合、拡大核抑止の利益を受けている同盟国に対しては、核以外の受け入れ難い危険、特に生物・化学兵器の使用にさらされないという強固な保証が与えられるべきである。この意味において生物兵器禁止条約と化学兵器禁止条約が普遍的に受け入

れられ、その確実な遵守のための方策が策定されるべきである」(177: 17.29)。

　この関係で一つ注目すべきことは、2013年のシリア軍による大規模な化学兵器使用事案に対する時の米国政府の対応である。2011年の内戦ぼっ発後、戦闘が激化するにつれシリアでは化学兵器使用を疑わせるケースが増大していった。2012年8月にはオバマ大統領が記者会見で「米国にとっては、大量の化学兵器が動員され、使用されていると判断される状況がレッドラインだ。そうなれば自分の見方は変わり、対応の計算も変わる」と述べて化学兵器使用を黙認しないというレッドラインを示した。これにもかかわらず、シリアは2013年8月21日、反乱軍が占拠するダマスカス南東のゴータ地域で化学兵器による攻撃を行った。オバマ大統領は8月30日記者会見を行い、シリアが「十分確立された化学兵器使用に対する国際規範」を犯したことに対して軍事行動を取ることを警告した（Obama 2013）。シリアは当時、化学兵器禁止条約には加入していなかったため条約違反とは言えなかったので、オバマ大統領が軍事力行使の可能性を正当化するため国際規範違反を理由としたことは注目すべきことだった。なお、シリアは1925年の窒息性ガス・毒性ガスまたはこれらに類するガスおよび細菌学的手段の戦争における使用の禁止に関するジュネーブ議定書の当事国であったが、この議定書の禁止が議定書当事国間の戦争ばかりでなく、国内の反乱分子に対する使用にまで適用されるか否かは議論の可能性の残るところであった。ただ、この点については、国際赤十字委員会、国際刑事裁判所、旧ユーゴスラビア国際刑事裁判所などの重要な国際機関の間で化学兵器使用の禁止は今や慣習国際法の一環となり、国内の武力衝突にも適用されるとの見方が有力になりつつあるとの学説もある（Spence and Brown 2012）。

　この後、米国はシリアに対して化学兵器禁止条約に加入してすべての化学兵器を廃棄させるというロシアの仲介を受け入れたので、オバマ大統領が軍事力行使を実行することはなかった。これを受けて2013年9月27日に安保理が採択した決議2118号は、米露が策定したシリアの化学兵器廃棄に関する枠組みを支持するとともに、「化学兵器の使用は国際法の重大な侵犯であり、その使用に責任のあった者は処罰されなければならないと強調した」が、ここで言う国際

法が、ジュネーブ議定書であったのか、国際慣習法であったかは定かではない。

　しかしながら、8月21日のゴータ攻撃からここまでの流れを全体として見れば、米国、ロシアそして国際社会がこのような化学兵器使用を看過することはせず、事態を正すため強力な措置を取ることを明らかにしたという意味で重要なことだった。望むらくは、この経緯が将来、北朝鮮を抑止して化学兵器を使わせないか、少なくとも使う前にもう一度考え直させることが期待される。この点、8月30日の会見の際、オバマ大統領が他の国による化学兵器使用を抑止する意図をも明らかにしたことは留意に値する。

4　米国の2010年「核態勢の見直し」

　大統領就任から間もない2009年4月5日、オバマ大統領はプラハで歴史的な演説を行い、核兵器が存続する限り抑止と安心のため米国が安全・確実・効果的な核兵器を維持すると言いつつ、米国が核兵器のない世界を目指して具体的な措置を取ることを明らかにした。これに続いてオバマ政権は、新たな「核態勢の見直し」（NPR）を実施した。この際の一つの論点は、米国防政策の中における核兵器の役割を低減させる一つの施策として核先制不使用政策を採用するかどうかという点だった。

　太平洋の反対側の日本では、2009年の前半は保守的な自民党の麻生太郎が首相の座にあった。2006年に北朝鮮が最初の核実験を行い、2009年の5月25日に第二回目の核実験を行ったことで、日本政府は北朝鮮の核脅威に対する米国の核拡大抑止の信頼性に懸念を持ち始めていた。このため、米国がトマホーク対地攻撃核巡航ミサイルの退役を考えているとの情報が入った時、日本政府の高官が米議会の議会戦略態勢レビュー最終報告書に関する聴聞会で、同盟国に対する防衛約束の確認のシンボルとして、また、核エスカレーションの手段として、米国がトマホーク・ミサイルを維持するよう要請したと言われる（米議会2009年戦略態勢報告書）。

　しかし、2009年の夏の総選挙で保守系の与党自民党が中道左派の民主党に敗れたため情勢は複雑になった。よりハト派色の強い鳩山由紀夫政権は前政権の

6　核先制不使用

立場から離れ、同年末には岡田克也外相がクリントン国務長官に宛てた書簡で、日本政府として米国政府にトマホーク・ミサイルを維持するよう要請するとの立場を否定した。ただ、同時に書簡で岡田外相は米政府に対し、トマホーク・ミサイルの退役が日本にどのような影響をもたらすか、その後どのようにして日本に対して拡大核抑止を提供するかなど、米国の拡大核抑止政策について米国から日本政府が随時説明を受けることを希望すると表明した。岡田外相はさらに核兵器の役割を相手の核兵器使用を抑止するという「唯一の目的」に限定する考えに関心を示し、オバマ大統領の核兵器のない世界を目指すというビジョンへの支持を表明した。岡田外相の「唯一の目的」への関心表明にもかかわらず、2010年のNPRは、日本（そしておそらく韓国）の懸念表明を受けて、最終的に核先制不使用政策を無条件で宣言するには至らなかった（US Department of Defense 2010）。

2010年NPR報告は核先制不使用という表現を使わず、「唯一の目的」という表現を使った。両者は基本的に同じことを意味するが、各々少し違った語感を持つことも否めない。先制不使用は冷戦時代ソ連によって宣伝目的のために使われ、現在では中国によってその核政策を表現するために使われている。このため、西側諸国にとっては「唯一の目的」の方が、受けが良いと見られる。特に日本では、先制不使用政策は往々にして中道左派の人々による核現実主義者に対する表現として受け止められるため、中道右派の間では否定的に受け止められる傾向がある。また、核先制不使用は、相手側が核兵器を使わない間は核兵器を使わないが、いったん相手が核兵器を使った後は核兵器使用に何の制約も受けなくなるとの含意を与える。これに比し、「唯一の目的」は、核兵器の使用が常に核兵器の使用に対抗するためのものであり、先制使用後も制約が残るような含意を与えるという違いがある。

2010年NPR報告では、「唯一の目的」は核兵器を保有していない国に対しては核兵器を使わないという消極的安全保証の文脈で取り上げられた。報告書は、「米国はNPTの非核兵器国としての締約国であって核兵器不拡散の義務を遵守している国に対しては、核兵器を行使、あるいは行使の威嚇を行わないと宣言」した上で、「よって米国は現状では核兵器による攻撃の抑止が核兵器

Ⅱ　核先制不使用と核抑止

の唯一の目的とする政策を普遍的に採用する用意はない。ただし、米国はこのような政策が安心して採用できる環境を醸成するため努力をする」とした。このように NPR 報告は、「唯一の目的」を宣言するには至らなかったものの「唯一の目的」が宣言できる状況を作り出すとの目標を表明した。

　NPR 報告はこうした結論を導き出すに当たって生物・化学兵器による攻撃という核兵器以外の脅威の問題を取り上げた。報告書は次のような立場を表明した。

> 「このような（消極的安全）保証を受ける資格のある国が米国・その同盟国あるいはパートナーに対して生物・化学兵器を使用した場合には、その国は破滅的な通常戦力による対応を受け、国家指導者であれ、軍司令官であれその攻撃に責任のあった者の責任を完璧に追求することを明言する」。

　報告書の以下の文は、生物・化学兵器の使用を抑止あるいはそれに対応するためであっても米国が核兵器を使わないことを明らかにした。ただし、生物兵器に関しては、将来核兵器の使用を再導入する可能性を留保した。

> 「生物兵器の使用が破局的な結果をもたらす可能性と生科学の急速な進歩に鑑み、米国は、生物兵器の進歩とその拡散がもたらす脅威とこれに対応する米国の能力次第では、将来、生物兵器使用に対して核兵器を使わないという政策を調整する権利を留保する」。

　このように、日本が懸念してきた生物・化学兵器攻撃に対しては核兵器によってではなく、「破滅的な通常戦力による対応」と「国家指導者であれ、軍司令官であれその攻撃に責任のあった者の責任の完璧な追求」の脅威によって対応されることとなった。戦争犯罪責任を追及されるかもしれないという後者の点は、北朝鮮のように、その国が化学兵器禁止条約の当事国であるか否かを問わないと見られるので、注目に値する。また、米国の保護の対象が、同盟国だけでなく、パートナーにも適用されるという点も留意に値しよう。報告書にはどの国を指すか記述がないが、米国の正式な同盟国ではないイスラエル・サウジアラビア・台湾のような国（地域）を指している可能性がある。

当時大統領補佐官だったローヅ（Rhodes）が米軍備管理協会（Arms Control Association）で明らかにしたように、オバマ大統領は2016年の夏、大統領権限を行使して「（核兵器のない世界を目指すという）プラハ演説の目標に向かって前進するいくつかの方法の検討」を政権内部で行った。選択肢の中には米国の核兵器について「先制不使用」を宣言するという考えがあった（Rhodes 2016）。米国内では軍備管理協会のダリル・キンボール（Daryl Kimball）理事長のように先制不使用政策の採用を支持する者もいたが、不使用政策採用検討のニュースが流れると、フランクリン・ミラー（Franklin Miller）などが米国の拡大核抑止に対する同盟国の信頼を低下させる危険などを根拠に反対を表明し、激しい論争を巻き起こした（Miller and Payne 2016）。

　朝日新聞の報道によれば、安倍晋三総理は、訪日した米太平洋軍司令官ハリス（Harris）提督に対して米国が核先制不使用政策を取ることに反対すると伝えた。この話を伝え聞いた安全保障政策専門家・佐藤行雄は、オバマ大統領が核先制不使用政策を採用しないという当然の結論に達したことに安堵したと述懐した（佐藤 2017）。 佐藤は、北朝鮮による米国・韓国・日本に対する将来の攻撃を抑止するため先制使用の選択肢を残すべきだとの持論を保持している。安倍総理がハリス提督に対して先制不使用について話し合ったことはないと否定していることについては、真相は闇の中だが、日本政府の高官はこれまで何度か米国が核先制不使用政策を採ることに対して反対を表明してきた。一方で、核先制不使用政策に対する日本政府と与党自民党の懐疑論とこれを連立与党の公明党が支持しているのに対し、他方では野党が先制不使用政策採用を支持するという鋭い対立が続いている。与党自民党が安定多数を維持（2018年1月のテレビ朝日の調査によると43.3％が自民党支持を表明したのに対し、野党第一党の立憲民主党支持は16.6％にとどまった）しているという状況では、政府が近い将来先制不使用に対する反対を見直すとは見られない。

　オバマ政権内ではジョン・ケリー（John Kerry）国務長官、アッシュ・カーター（Ash Carter）国防長官、アーネスト・モニッツ（Earnest Moniz）エネルギー長官の3重要閣僚が先制不使用政策採用に反対を表明し、これに英・仏・日・韓国・ドイツを含む主要同盟国も反対の立場を表明した。ここに至ってオ

バマ大統領は、大統領権限を行使して核先制不使用政策を宣言する努力を放棄せざるを得なかった。この他、オバマ大統領は、新START条約の配備核弾頭制限をさらに5年延長する構想や、新型巡航ミサイルの開発を中止するか遅らせる構想なども断念した。国連安保理で核実験禁止を支持する決議の採択は、当初の意図よりは弱められたものの実現した。

5　2018年のNPR

2018年2月にトランプ政権によって発表された新しいNPRは、米国は核兵器の使用を「極限の事態」においてのみ考えるとしつつも、核兵器の使用対象を米国・同盟国・パートナー国への核攻撃に限らず、「一般市民あるいはインフラ」への攻撃を含め「著しい核兵器以外による戦略攻撃」にまで広げた（US Department of Defense 2018）。これは核兵器以外の大量破壊兵器つまり生物・化学兵器のみならず、サイバー攻撃のような新しく台頭しつつある脅威を含むものと解されている。こうしたことから、新NPRは日本の安全保障専門家を安心させるものであった。河野外務大臣は記者会見でさっそく新NPRを歓迎して、「米国の核抑止の有効性を確実にして同盟国に対する拡大抑止供与を明確にしたこと」を「高く評価する」と言明した（Kono 2018）。河野外相の無条件の支持表明は即刻、反核団体からの批判に直面し、野党議員からの詰問を受けることになった。外相は後にツイッターで、NPRがCTBTに反対の立場を表明したことは遺憾であったと綴った。外相就任前の核軍縮積極支持の立場と外相就任後に新NPRを評価したこととは矛盾しないのかと衆議院の委員会審議で野党から質された外相は、「核軍縮推進の気持ちはあるが、北朝鮮の核ミサイルの脅威から国民を守る責任ある立場になった」と応答した。

6　進歩的立場からする議論：広島ラウンドテーブルとAPLN（アジア太平洋核不拡散・核軍縮指導者ネットワーク）における議論

近年の日本国内の傾向は明らかに防衛力強化と米国の核拡大抑止の再確認という保守的方向にあるが、一部ではより進歩的な代替的考え方も表明されてきた。「広島ラウンドテーブル」は、日本・韓国・中国・米国・オーストラリア

の専門家による北東アジアにおける核軍縮・核不拡散のための実際的な方策を検討する非政府間の議論の場で、2014年に湯崎英彦広島県知事の提案で開始された。主な参加者には、エバンス、川口両元外相などが含まれ、討議は非公開のチャタム・ハウス・ルールで進められるが、各会合後、随時、藤原帰一東京大学教授による議長とりまとめを発表してきた。近年の情勢を反映して、主たる論点は北朝鮮の核開発問題、核抑止の役割、核先制不使用政策だった。

2014年8月4日に発表された「東アジアにおける非核安全保障を構築する」と題する提言でラウンドテーブルは、「すべての核武装国は、正当な軍事目的が通常兵器で達成できる限り核兵器を決して使わないと誓約すること、日本のように核兵器国による安全保障の供与を受けている国もこの原則を支持すべきこと」、「核兵器の唯一の役割は核戦争の抑止にあることを受け入れること」を提言した。さらに、「すべての国は核政策が、必要性・相応性・差別性の原則を含め武力衝突において広く認識された国際法と合致することを確保する責任があること」に注意喚起した。

2016年8月29日に出されたラウンドテーブルの議長サマリーでも以下の意見が表明された。

　「核兵器は決して使用されてはならない。核兵器が廃絶されるまでの間、核兵器は正戦の原則、武力衝突に関する法規、国際人道法の原則に厳格に従わなければならない。『正当な軍事目標』の定義は、差別性・相応性・特に必要性の原則の適正な適用において重要となる。一般市民は通常兵器にせよ核兵器にせよ、攻撃目標とされてはならず、すべての紛争において付随的被害は最小限にとどめるようあらゆる努力が払われなければならない。抑止は決して無垢の市民を目標にすることを意味しない」。

　「広島訪問後、オバマ大統領が、（それにより核兵器の即発射態勢を低減し、必要な核弾頭数を減らし、核兵器獲得の欲求を減殺する助けとなる）核先制不使用宣言などいくつかの選択肢を検討していると報じられている。ラウンドテーブル参加者は、こうした動きを歓迎する。米国の核拡大抑止に依存する国々が反対しそうなことは承知するが、このような政策は米国が同盟国に提供する拡大抑止を弱めるものではないと信ずる。多くの場合、通常兵器による抑止に多く依存する方がより安全の保障の信頼性を高めることになる。中国がすでに核先制不使用を宣言し、米国も、核兵器の使用は、非核脅威に対して通常戦力による抑止力によって対処した上で止むを得ない場合のために保持するものであるとの考えを保持してきたことに注意を喚起したい。同盟

Ⅱ　核先制不使用と核抑止

国との協議を強化することによって同盟国の不安を軽減できるであろう。米国だけが先制不使用を採用するだけでなく、他の核武装国も同様にこの政策を採用すべきである」。

2017年8月2日の議長声明でもこの点は再度提起された。

　「米国とその同盟国の通常戦力によって破壊できない北朝鮮の目標はほとんどない。核攻撃はもちろんのこと、北朝鮮がいかなる形にせよ攻撃を開始すれば金体制の瓦解は必定である。米国・日本・韓国の高度の通常戦力の優位を考えれば、核攻撃を含め北朝鮮が攻撃をすれば通常戦力による報復によって金体制を終焉するとの脅威は極めて信ぴょう性が高く効果的であって、北朝鮮を抑止するに十分である」。
　「米国は北朝鮮に対して核先制攻撃をするという選択肢を排除すべきである。そのような核兵器使用は非道徳的であり、賢明でもない」。

　広島ラウンドテーブルは非政府間の対話（トラック2）から非政府・政府間の対話（トラック1.5）に移行して政府の考えに寄与することを目標にしている。しかし、今のところ日本外務省からの随時オブザーバーとしての参加しか実現しておらず、ラウンドテーブルが表明した見解が日本政府の考えに何がしかの影響を及ぼしたかは定かではない。2016年8月19日付けの朝日新聞によれば、日本政府高官は、米国が核先制不使用政策を宣言することに関し「先制不使用を宣言すれば、相手側の攻撃が通常戦力にとどまっている限り核兵器の攻撃を受けないという誤ったメッセージを送ることになり、（米国の同盟国の）安全保障への危険性を増す」と述べて懸念を表明したと言われる。
　APLNはICNNDのフォローアップの一環としてエバンスを初代主催者として始まった。このグループには南アジアに至るアジア太平洋の国々が含まれているが、北米は含まれていない。北米は姉妹組織である欧州ネットワーク（ELN）に含まれている。2016年にAPLNは、オバマ政権が始めた核軍備管理再活性化の動き、中でも核先制不使用政策を採用する動きを歓迎する声明を出した（APLN 2016）。声明は米国による核先制不使用政策採択を強く支持し、米国の同盟国もこれを支持するよう要請した。

7 核先制不使用政策をめぐる賛否両論間の大きな溝を埋める方法

　各国が核先制不使用政策を採用することによって緊張を緩和し、核軍縮と核不拡散が推進される。この政策を単なる宣伝のためでなく、真摯な政策選択肢として選ぶためには、核兵器使用をめぐる現在および将来の軍事情勢を真剣に検討する必要がある。もし差別性・相応性・必要性という国際人道法の原則が厳しく適用されれば、現在の米国とその同盟国の非核戦力の優越性を考えれば真に核兵器を使わなければならないケースは極めて限られたものとなると言われる。もちろん、これは米国とその同盟国が想定される敵対国より技術的・経済的に優位にあって通常戦力における優位が保たれることを前提とする。それはまた、米国とその同盟国が相当程度の経済的資源を強力な通常戦力を維持するために割かなければならないことを意味する。これは米国のNPRの中で示唆されていた。「米国は、非核抑止力を含む強固な地域安全保障構造を構築するため、同盟国・パートナー国と広範に協力し、それらの国の能力強化のため支援を続ける」(US Department of Defense 2010, 33)。

　核先制使用の必要をなくするための一つの単純な答えは、核抑止力を行使しなければならないような非核脅威、つまり生物・化学兵器の使用と大量通常戦力による侵攻の脅威をなくすことである。北朝鮮が化学兵器禁止条約を受諾してすべての保有化学兵器を廃棄し、生物兵器禁止条約の遵守を確認するための強力な検証措置を受諾し、南北軍事境界線をはさんで戦力引き離しを図れば、北朝鮮に関する限り核先制使用の選択肢を存続させる理由はほとんどなくなるだろう。NPRで示された「米国とその同盟国が生物・化学兵器攻撃に対処する能力の向上を含めWMD対処能力を強化すること」も核先制使用の選択肢を残す必要性の低減に寄与する (US Department of Defense 2010, 34)。しかし、北朝鮮が非核化の受け入れと同時に生物・化学兵器放棄も受け入れることは容易ではないかもしれない。北朝鮮は、「それでは老朽化した兵器ばかりの通常戦力しか残されない我が国は一体どうやって自国の安全保障を確保すればよいのか？」と問うかもしれない。正にこれが1994年の枠組み合意、そして2005年の共同声明で、北朝鮮の非核化が、北朝鮮と米国その他の国との総合的な関係

Ⅱ　核先制不使用と核抑止

改善の文脈の中に位置付けられた理由であろう。

　国際人道法の差別性・相応性・必要性の要件を厳格に適用することも、核兵器の先制使用・その他の使用を可能とする場合を事実上大きく縮小する効果がある。米国のように自由で開かれた民主主義国家ではそれ以外あまり選択肢はない。ベトナム戦争・イラク戦争の場合に経験したように、即時に残虐な場面が画像イメージで国内外を駆け巡る状況では、そうした画像が一般の人々の意見を急速に武力行使反対に向かわせる効果がある。しかし、これは米国・英国のような国際法遵守を旨とする民主主義国家を専制的な核保有国に対して不利な状況に置くことになるという議論がしばしば提起される。この議論が正しいかどうかは、ソ連（ロシア）と中国がこれまで一度も核兵器を使ったことがないという事実を踏まえてよく検証する必要があろう。

　いずれにせよ米国のような国にとって選択の余地はない。もし核抑止と核先制使用の支持者が核兵器保有と無制限の核兵器使用あるいはその威嚇をできると安心しているとすれば、それは空虚な幻の安心に過ぎない。核兵器はあまりにも強大な破壊力を持つ兵器であり、実際に使えるとしても、その国が国際人道法の規定に厳格に従おうとすれば、極めて限られた場合にしか使えない兵器である。

　もし地域の安全保障環境が顕著に改善しない状況で核抑止の役割を軽減しようとすれば、前述のように米国とその同盟国はミサイル防衛を含む通常戦力による抑止力を強化せざるを得ないだろう。これは中国・ロシアとの地域的軍拡競争を招く惧れがあるので、通常戦力を強化しようとする場合には地域の軍拡競争を招来しないよう注意深く強化の態様を調整する必要がある。しかし、これは言うは易く実際行うのは容易ではない。西太平洋ではすでに軍拡競争がスタートしている。ゆくゆくは地域の軍備管理協議を促進する必要がある。これは冷戦時代の米ソ関係よりも困難で複雑なプロセスとならざるを得ないかもしれない。今日、米国が核抑止に依存する程度が大幅に低下しているということは、米国が潜在敵国に対して通常戦力において格段に優勢にあることを意味する。今日の軍備管理交渉はこうした21世紀の新しい非対称的な軍事・安全保障情勢を考慮した新しい方法論を持ち込まなければならない。

8　結　論

　米国の新しい2018年NPRは、核抑止力をより重視し、核先制不使用あるいは核使用の「唯一の目的」論から反対方向に向かった。逆に新NPRは、核抑止の対象となる脅威の範囲を拡大し、より使い易い核戦力の構築を提唱した。しかし、大統領が交替しても、国際人道法の原則は変わらず、すべての大統領、そればかりかすべての者に適用される。それは自ら進んでやったか、上からの命令によって行ったかにかかわらず適用され、原則を破った者は責任を問われることになる。オバマ大統領はこの点を明確に表明した。新NPRは、米国が核兵器の使用を考えるのは「極端な状況において」のみであるとし、それは「著しい非核戦略攻撃」も含むとした。新NPRの下で課されたこうした核兵器使用に対する制約を議論することは、こうした概念の実際の適用を国際人道法の原則に沿わせる上で有益となり得る。

　この間、北朝鮮が急速に核弾頭と弾道ミサイルの開発を進め、米国を脅威にさらすようになり、緊張が高まっている。フェターとウォルフスタール（Fetter and Wolfsthal 2018、本書5章）が明らかにしたように、核兵器の偶発的あるいは誤算による使用が、優るとも劣らぬもうひとつの懸念として存在する。米国の核兵器依存度が顕著に低減していることと国際人道法の制約を考えれば、トランプ大統領の下であっても朝鮮半島において米国による核兵器使用が考えられるケースは極端に限られているだろう。

　以下の3つのシナリオが想定される。（1）北朝鮮が韓国・日本・米軍基地あるいは米本土を核攻撃し、継続した攻撃が予想される場合で、米国が非核手段によってこれを阻止することがきわめて困難と判断される場合には米国の核兵器使用は正当化されるかもしれない。唯一こうしたケースとして考えられるのは、北朝鮮の核ミサイルが地下深部に隠蔽されていて通常弾頭の地下貫通爆弾で破壊できない場合であろう。（2）北朝鮮が生物・化学兵器を大量に使った対韓攻撃、あるいは大規模通常戦力による対韓侵攻を図り、これを阻止することが困難と判断される場合には米国が核兵器を使用することが正当化されるかもしれない。ただ、この場合でも、それは核兵器以外の手段によって侵攻を

Ⅱ　核先制不使用と核抑止

阻止することが困難と判断される場合に限られる。（3）（1）あるいは（2）のような攻撃が差し迫っていて他の手段では阻止し得ないと判断される場合、米国が核兵器を先制使用することが正当化されるかもしれない。しかし、攻撃が差し迫っていないにもかかわらず、北朝鮮が核戦力を構築するのを予防的に攻撃することは、安全保障理事会がこれを認めない限り国連憲章下では許されない。以上に述べたように、先制不使用賛成論者と反対論者との間の深刻な溝を克服するためには、21世紀の軍事・安全保障環境の下で核先制使用の選択肢の必要があるのかないのか、注意深く検討をする必要がある。

【解説注】

A）　朝日新聞は2016年8月16日、安倍総理が7月26日にハリス提督に対して日本側の懸念を表明したとワシントン・ポスト紙が前日に報じたことを引用した。8月21日の朝日新聞は、ハリス提督との間でこのような話をしたことを総理は否定したが、外務省高官は、米国が核先制不使用政策をとれば米国の拡大核抑止が機能しなくなると強調したと報じた。

B）　http://www.tv-asahi.co.jp/hst/poll/201801/ index.html.

【出典】

Abe, Nobuyasu. 2018. "No First Use: How to Overcome Japan's Great Divide," *Journal for Peace and Nuclear Disarmament* 1（1）:137-151. DOI: 10.1080/25751654.2018.1456042

〔翻訳：阿部　信泰〕

7

トランプ政権の核戦略

セイオム・ブラウン

1 はじめに

　米国政府が定期的に公表する「核態勢の見直し（NPR：Nuclear Posture Review）」は、米国が保有する核兵器や国家安全保障政策におけるその役割について市民と議会に説明するものである。NPRに何が含められるべきであり、それがどのように説明されるべきかという問題については、この文書が公表される前後において、国防総省内および関係省庁間で激しく議論される。こうして発展する概念が、米国のグランドストラテジー、外交、戦争計画、そして軍事予算の要素となっていくからである。その結果、NPRは、しばしば相反する解釈が生まれる余地を含んだ曖昧な文書となる。特に、ドナルド・トランプ政権が2018年2月に発表したNPRには、こうした傾向が見られる。2010年にバラク・オバマ政権が発表したNPRも曖昧で捉えどころのないものであったが、それ以上に、2018年のNPRは、核兵器がいつどのように使用されるのか、あるいは使用されないのか、という点についてアドホックに判断できる余地が多い。これは懸念すべき状況である。危機の最中、利用可能な核のオプションの中から性急になされた選択は、まさに予防しようとしているはずの地球規模でのホロコーストを引き起こしかねない。

　願わくは、核戦争に行き着く恐れのある危機の拡大の中で、運命を決する判

Ⅱ　核先制不使用と核抑止

断を行う権限と力を備えた人々が、彼らが直面することになる戦略と道徳の間の深刻なジレンマについて事前に熟慮することを期待する。このような問題は、決して新たなものではない。こうした問題に過去の政策決定者たちがどう対処してきたかを再検討することは、少なくとも今日の重大な決定に影響を与える立場にある人々が現在検討されている核のオプションについて必要な疑問を投げかけるための支えとなるだろう。

　以下では、2018年のNPRに対する私のコメントの前提として、このようなジレンマへの米国政府の対応の歴史とその遺産について概説する。

2　核依存の時代

　戦後、米国は一時的に核兵器を独占し、1950年代後半までは優位を保っていた。一方、この時期にはソ連や中国（1949年10月以降）が通常戦力や兵力において優位を維持していたと言えよう。これは、冷戦と呼ばれる時代の最初の15年間、米国のグランドストラテジーが、共産主義勢力の侵略に対して核兵器を使用するとの威嚇によって対抗することに中心的な特徴があったことを意味している。1950年、ダグラス・マッカーサーは、朝鮮戦争において、中国や、潜在的にはソ連の侵攻を抑止するために核兵器を誇示したり、必要に応じて核兵器を使用したりするとの立場をとらなかったハリー・トルーマン大統領を批判した。1952年の秋、次期大統領に選出されたドワイト・アイゼンハワーは、マッカーサーと同じ考えに立っていた。そして、もし共産主義勢力が、生まれつつあった38度線での休戦を侵害するのであれば核兵器を使用すると威嚇したのである。

　1954年1月、アイゼンハワー大統領とジョン・フォスター・ダレス国務長官は、核兵器に依存することが軍事面における米国の冷戦戦略の中心であると発表した。共産主義勢力の強力な地上兵力を単独で封じ込めることができるような局地防衛（local defense）は考えられないのであった。したがって、局地的な防衛は、大量報復というさらなる抑止力によって強化されなければならないと考えられたのである。国家安全保障会議文書162/2号（NSC 162/2）において、彼らは「敵対行為に直面した場合、米国は核兵器を他の兵器と同じように

使用可能なものと考える」という方針を示した (National Security Council 1953)。さらに、核兵器という手段に訴えるということは、局地レベルあるいは戦術レベルでの戦争の初期段階を遂行するうえで頼りになると考えられた。即時的な優位を確立し、大量報復という威嚇を発動する明示的な「仕掛け線 (trip wire)」としての役割を果たすからである。その結果、西ドイツには戦術核兵器 (battlefield nuclear weapon) が配備され、核戦力と通常戦力の両方を備えた航空機が北大西洋条約機構 (NATO：North Atlantic Treaty Organization) 諸国や太平洋戦域に配備された。

　このような米国の軍事政策における核兵器への依存は、1950年代の台湾海峡危機において象徴的に現れた。台湾によって統治されていた島を占領しようとする中国の動きを抑止するため、「民間人の中心地域を危険に晒すことなく、軍事目標を完全に破壊することができる精度を備えた新しく強力な兵器」に訴える用意がある、とダレス国務長官は威嚇した。さらに、アイゼンハワー大統領は、そのような兵器が「まさに銃弾その他と同じように使用され得る」と述べたのである (Brown 2015, 59, 69, 73)。1950年代後半のベルリン危機の際には、分断されたドイツの平和条約に向けた進展が見られない中で、ソ連も米国との核戦争という脅威で不吉な威嚇を行った。

　1960年の大統領選挙において、ジョン・F・ケネディをはじめとする民主党の候補らは、核兵器への依存を深めるアイゼンハワー政権の戦略を非難した。ソ連が強力で［敵からの攻撃に対して］残存可能な大量報復能力を保有するようになった今では、それは「自殺か降伏か (suicide or surrender)」を迫る政策にすぎないのであった。ケネディの政権移行調査チームは、米国およびNATO同盟国の通常戦力に基づく、より柔軟で信頼性の高い抑止・防衛態勢を検討するよう求められた。核戦争を実際に戦う用意は後回しにされ、そのような戦争が決して起こらないようにするため、軍備管理が重要かつ緊急の課題として優先されるようになった。それが次の時代へとつながっていく。

3　相互確証破壊（MAD）の時代

　ケネディ政権は、局地的な小規模紛争さえ核戦争に変えてしまいかねないアイゼンハワー政権の戦略を否定した。それ以来、核兵器の使用に関する米国政府の立場は、大量破壊戦争を開始したり、それに勝利したりすることではなく、そのような戦争の抑止を主要な目的とするようになった。しかし、抑止を機能させるためには、利用可能な能力と、その運用に関する信頼性の高い明示化された基本戦略がなければならない。核および他の大量破壊兵器を用いて米国や同盟国への攻撃を開始すれば、核による反撃に直面するということを敵国が理解する必要がある。そしてそれは、防衛力を圧倒し、攻撃によって得られると期待するいかなる利得をも完全に否定するレベルでの報復を与える反撃であることを意味する。米国政府の公式見解によれば、その報復力の設計と規模の基準は、たとえ敵国による大規模攻撃を被った後であったとしても、敵国の産業の50パーセント、人口の20パーセントを破壊することができるというものであった（McNamara 1968）。こうした核による報復能力は、「確証破壊（assured destruction）」と呼ばれるようになった。そして、ソ連も同様の能力を大々的に喧伝するようになった時、「相互確証破壊（MAD：mutual assured destruction）」が、米ソの間で想定される相互の抑止関係を象徴する言葉となった。

　しかし、抑止という目的のために核兵器を誇示するということだけではなく、このような兵器を実際に使用することに考えを巡らせた時、米国の歴代大統領（広島と長崎へ原爆を投下した後のトルーマン大統領でさえ）は、敵国の街を焼き尽くし、人類の生存を脅かすような方法以外の核攻撃の選択肢を提供するよう、国防総省に求めていたのである（Bundy 1988, 543-83）。ケネディ大統領は、核の攻撃目標として「都市回避（No Cities）」というルールをソ連に合意させようとするロバート・マクナマラ国防長官の取り組みまで支持していた。これは、NATO諸国や米国議会から反対されたばかりか、ソ連からも完全に非現実的であると反対されたため放棄されたアイデアであった。その後、マクナマラ国防長官は180度方向転換し、相互確証破壊に関わる軍備の制限（あるいは

保持）を巡るソ連との協定を擁護するようになった。それは、相互に自殺行為となることを保証しあうことで核戦争を防止しようというものであった。リンドン・ジョンソン政権は、そうした条約の合意に向けてアレクセイ・コスイギンと交渉した。1968年、こうした取り組みは、チェコスロバキアの改革主義者アレクサンデル・ドブチェク体制に対するソ連の残忍な抑圧によって挫折した。他方でマクナマラ国防長官は、単一統合作戦計画（SIOP：Single Integrated Operational Plan）におけるメニューを拡大する取り組みを軍とともに密かに進めていた。それは、敵国からの核攻撃に対して、米国が限定的かつ制御された方法で核による対応を選択できるようにし、アルマゲドンが訪れる前に核戦争を終結させる可能性を残しておくというものであった。

　リチャード・ニクソン大統領は、確証破壊の脅威を実行しなければならないという可能性がいかに「心をかき乱す（disturbing）」ものであるかということを理解していた。米国の対外政策に関する1970年の議会報告――伝えられるところでは、ヘンリー・キッシンジャー国家安全保障問題担当大統領補佐官によって執筆されたとされる――において、ニクソン大統領は次のような疑問を投げかけている。「大統領は、核攻撃に際して、米国民の大量虐殺を後に招くことが確実な状況を前にしても、敵国の民間人の大量破壊を命じるという唯一のオプションだけを持ち続けるべきだろうか。確証破壊という概念は、……我々が直面する様々な脅威を抑止する能力において唯一の手段であるべきだろうか」（Nixon 1970, 122）。

　ニクソンやキッシンジャーは、米国の核戦略について自らが提起した疑問に公然と答えることはなかった。そして、1972年の戦略兵器制限交渉（SALT：Strategic Arms Limitation Talks）や弾道弾迎撃ミサイル制限条約（Anti-Ballistic Missile Treaty、以下ABM条約）についてソ連との交渉を続けた。こうした交渉は、相互確証破壊を大きな前提とするものであった。しかしながら、キッシンジャーは、抑止が失敗した場合の核による対応について、確証破壊には至らないようなオプションをSIOPにおいて検討するよう軍を促し続けていた。抑止のための核態勢のみを望み、核戦争を戦う準備に反対する政府内および議会の人々を批判して、キッシンジャーは次のように述べている。「彼らは確証破壊

を信じている。なぜならば、それで費用は最小限に抑えられるからである。8000万の人々を殺害するというオプションだけを持つということは、不道徳の極みである」(Kissinger 1973)。

4　相互確証破壊を回避するための戦略的治療

　ジェームズ・シュレシンジャー国防長官のもと、国防総省の戦略家たちは、より柔軟なSIOPのオプションを大統領に提供できるよう取り組んでいた。一方、1974年1月には、キッシンジャーによって草稿された新たな核政策が極秘扱いの国家安全保障決定覚書（NSDM：National Security Decision Memorandum）242号（以下、NSDM 242）として大統領により決定された。そして、それは国防長官による核兵器の「運用」に関する具体的指針に姿を変えていった（Nixon 1974)。

　このNSDM 242において、ニクソン大統領は、「米国が通常戦力と連携しながら選択された核作戦を実施することができる」ようなオプションを発展させるよう求めた。その直接的な目的は、「早期の戦争終結を追求すること」であった。したがって、「そのオプションは、(a) 敵の死活的に重要なターゲットをあとから破壊できる人質状態に置き、(b) 敵に対し自らの行動を再検討する機会を与えるため、攻撃実行のタイミングとペースをコントロールできるようにする」といったものであった。しかしながら、エスカレーションが制御できないような場合には、「戦争後に敵国が回復するためのパワー、影響力、そして能力にとって決定的に重要となる政治的、経済的、軍事的資源」に対して米国の軍事力が使用されることになるのであった。つまり、敵の確証破壊は、依然として究極のオプションなのであった（Nixon 1974)。ニクソン大統領は、柔軟性のある核兵器の運用政策（すなわち、これは戦闘を意味することになる）を求めるNSDM 242に一致した軍への指針を検討するよう国防長官に指示したのである。

　1974年4月のシュレシンジャー国防長官による「核兵器の運用のための政策方針（Policy Guidance for the Employment of Nuclear Weapons)」は、幅広い核攻撃のオプションを用意するよう軍に求めており、戦争計画において「エスカ

レーションの管理」に特別な注意を払うよう指示するものであった。それは、国家指揮権限（national command authority）を持つ者に対し、様々なレベルの烈度で核戦争を実施する能力を与えるものであった。そして、それは「戦争を限定的なものに留めたいという我々の希望を敵に伝えるため、……明確に定義された範囲内で」行われるものとされたのである。そこでは、都市の中心地を標的にすることも含め、除外されるオプションはなかった。「価値の高いターゲットを人質にとる」ための能力は、エスカレーションの管理のために極めて重要なものとして再び採用されたのである。ただし、早まった、あるいは、望まないエスカレーションを強制しないような方法で作戦を実行することが、司令官には求められた。したがって、その言い回しは明確に境界線を規定していた。例えば、「高度な文民あるいは軍事権限を持つ者にとって重要となるソフト面・ハード面での司令要所を含め、敵の最も高度な指揮系統に対する攻撃を控えるオプションを検討する」必要があった。また、「一般市民自体をターゲットにすることは、この政策方針の意図するところではない」とされた。それゆえ、計画立案において「居住地域構造（residential structures）は、攻撃目標としての対象には含まれない」のであった〔傍点部は、筆者による強調〕。その意味するところは、この文書が認めるところによれば、たとえ核戦争が限定的な段階にある時でさえ、必要な軍事的対抗措置の「結果として、居住地域構造と一般市民への実質的なダメージが生じるかもしれない」ということであった。また、この政策文書の付属書は、標的となる目標、損害基準（damage criteria）、そして想定される様々なシナリオに基づく核戦争の実施方針について詳細に説明していた（Schlesinger 1974）。

　国民は、シュレシンジャー国防長官の記者会見や議会への報告などを通じて、米国の核政策についてその一部を垣間見ることができた。シュレシンジャーは、「限定的な対戦力能力という役割で使用される正確な手段」を確保するという米国政府の意図を明らかにしていた。それは、「現在我々が保有するものより効率的に堅固な攻撃目標を叩く能力（hard target kill capability）」を含め、「より幅広いオプション」を大統領に与えるものであった。シュレシンジャーの説明によれば、「我々は、核紛争の第一段階の後、敵の都市を人質に

Ⅱ　核先制不使用と核抑止

とる能力以外に手段がないという立場にまで我々を追い込むようなことを敵にさせるつもりはない」のであった（Schlesinger 1974）。

　ジミー・カーター政権下の国防総省は、NSDM 242に規定された方針やシュレシンジャーの「核兵器の運用のための政策方針」の考え方を引き継いだ。しかし、カーター政権時代の後半、ソ連のアフガニスタン侵攻に加え、ソ連が戦略能力の強化に取り組んでいるのではないかという諜報への対応として、ハロルド・ブラウン国防長官やズビグニュー・ブレジンスキー国家安全保障問題担当大統領補佐官は、米国がSIOPの柔軟性をさらに高める必要があると大統領を説得した。その結果、1980年には「核兵器運用政策（Nuclear Weapon Employment Policy）」と題する大統領令59号（Presidential Directive/NSC-59、以下PD-59）が決定された。この文書は、本質的にはシュレシンジャーのコンセプトを軍に対する大統領命令というレベルにまで引き上げたものである（Carter 1980）。カーター大統領は、米国が「相殺戦略（countervailing strategy）」と呼ばれるコンセプトを発展させていることを認めた。これは、抑止が失敗した場合に、「受諾可能な条件で（核）戦争を効果的に終結させる交渉の可能性を保持する〔括弧内は筆者による付記〕」ため、核兵器による選択的な報復攻撃を行うことを特徴づけるものであった（Cutler 1980）。

　極秘扱いであったPD-59は、SIOPにおいてソ連およびその同盟国に対する核攻撃のために事前に計画されたオプションが、「都市や産業など広範な目標を攻撃するために十分な生存可能性と耐久性を備えた能力を保持する一方、あらゆる軍事目標から、直接的な軍事面での支援を提供する産業目標、そして政治的統制に関わる目標に至るまで、攻撃の逐次選択が可能となる柔軟な下位オプション」を含むよう規定していた。つまり、PD-59は計画されたオプションとして攻撃目標を規定・分類していたのである。シュレシンジャーの政策方針と同様、PD-59は「特定の目標に対する攻撃の方法は、都市部や一般産業、そして人々への巻き添え被害を制限するように選択されるべきであり、そのような被害を限定するオプションを含むべきである」と強調していた。しかし、このような道徳的抑制は「対象となる攻撃目標を効果的に射程に入れることと一致」しなければならない、という但し書きを含む点もシュレシンジャーの政策

方針と同様であった（Carter 1980）。

　後に入手可能となった文書に基づいて確認できる限りでは、「もし抑止が失敗したら」というPD-59で描かれた核兵器使用のための根本原理と方針は、その後の政府においても変更されることなく、核兵器使用のオプションを収める大統領の「フットボール」ケースの中でSIOP——後に作戦計画8044（OPLAN 8044）と呼ばれるようになった——における計画を統制し続けた。

　ロナルド・レーガン大統領は、限定核戦争を戦うためのドクトリンや能力を含め、その全てを受け継いだ。しかし、米国の戦略的優位性を擁護しつつも、レーガン大統領は米ソ間の核戦争に「勝者は存在しない」と確信していた。そして、不道徳極まりない大量虐殺の手前で核戦争が食い止められるという考えに懐疑的であった。レーガン大統領の最大の関心事は、核戦争を制御可能なものにすることではなく、戦略防衛構想（SDI：Strategic Defense Initiative）に見られるように、動力学あるいはレーザー等による効果的な対ミサイル防衛システムを配備することによって核戦争を時代遅れなものにすることであった。それは、敵が核攻撃を十分価値のあるものにすることを拒否するものであった。

　レーガン大統領は、2つの核超大国の間で進展したお互いに人質を取り合うという関係性に嫌悪感を抱いていた。事実、レーガン大統領は、核兵器のいかなる使用にも反対していた。それは、1986年のミハイル・ゴルバチョフとの首脳会談にもはっきりと表れている。この首脳会談において、彼らは全面的な核軍縮の枠組みについて交渉した。SDI問題をめぐって会談が決裂する前には、軍縮の方向性について大筋の合意に至っていたのである。レーガン大統領は、軍縮に向けた進展の途上において、核を使用しない対弾道ミサイルは核攻撃を阻止するものであると考えていた。また、それが実現した時には、両国の対ミサイル・システムは解体されるか、あるいは不正行為に対する保険として維持されるかであると考えていた。ゴルバチョフは、レーガン大統領のSDI構想は核による第一撃能力を得るための米国の策略であると見ていた。それは、全面的な核軍縮の具体化に先立ち、ソ連の確証破壊能力を低下させるものであると捉えていたのである。しかし、核兵器に反対する両者の強い信念は、冷戦を

Ⅱ 核先制不使用と核抑止

終結させたいという望みとも相まって、米ソ間で初となる核兵器の削減という合意を実現させた。1987年12月、中距離核戦力全廃条約（Intermediate-Range Nuclear Force Treaty、以下 INF 条約）がレーガン大統領とゴルバチョフ書記長の間で署名されたのである。

米国のグランドストラテジーにおいて、米ソ間の敵対関係という中心性を失ったことは、国家安全保障政策における核兵器の役割について政府の公式見解に数年間の空白を生んだ。核兵器の製造が疑われたいわゆる「ならず者国家」に対するミサイル防衛を発展させるため、ジョージ・W・ブッシュ大統領が ABM 条約を離脱したことさえ、ほとんど国民的論争を巻き起こさなかった。しかし、9/11後にテロリズムが最大の関心事になると、おそらく報復の脅威によって抑止することが難しい不合理な敵に対する核兵器の先制使用（あるいは、予防のための使用）という計画に影響を及ぼした（Bush 2002）。そして、そのような先制使用のシナリオのための目標設定のコンセプトは、おそらく過去の政権による指針において軍に与えられた核兵器の運用方針と本質的には同じであった。

5　オバマ大統領の政策転換

オバマ大統領も、2009年4月の有名なプラハ演説や、2010年の NPR において、支配的であった戦略的二元論（strategic dualism）の考えを支持していた。すなわち、核戦争は大惨事を招くものであるが、それを防止するために国家は核戦争を戦う準備をしなければならないのであった。「核なき世界」に向けて取り組むというオバマ大統領の演説は、「米国の国家安全保障戦略における核兵器の役割を縮小する」という宣言とともに大きく報じられた。しかし、この演説には但し書きが付いていたのである。オバマ大統領は、次のように語っている。「間違えてはいけません。核兵器が存在する限り、敵を抑止し、我々の同盟国の防衛を保証するために、米国は安全で、確実で、効果的な核兵器を保持していくでしょう」（Obama 2009）。多くの報道では、この点について大きく取り上げられなかった。この極めて重要な条件は、この当時検討が進められていた NPR の中核的な結論を構成するものであった。つまり、米国の立場は

「核兵器が存在する限り、配備あるいは備蓄された核兵器、高度な核運搬システム、指揮統制能力、そしてそれらを維持するために必要となる物理的インフラや専門家人材を含め、米国は安全で、確実で、効果的な核戦力を保持する。こうした核戦力は、潜在敵国を抑止し、世界中の同盟国および友好国の安全を保証し、重要地域を含む世界の安定を促進していくうえで不可欠な役割を担い続ける」というものであった (US Department of Defense 2010)。

オバマ大統領は、グローバルな核軍縮という目標は「すぐには到達できないだろう。私が生きている間にはおそらく」と認めていた。それでも、オバマ大統領は、その目標の実現に向けた措置を進めていくことを固く誓っていた。また、オバマ大統領は、米露の核兵器の数を大幅に削減するロシアとの新START（戦略兵器削減条約）に向けた交渉や、核兵器の生産に関わらないよう厳しい国際的検証にイランを合意させる困難な「アメとムチ外交 (carrot-and-sticks diplomacy)」など、いくつかの成功事例を誇ってもよいだろう。

しかし、逆説的ではあるが、米国のグランドストラテジーの非核化を進め、ロシアとの新たなSTARTを議会に批准させるために、オバマ大統領は議会や政府内のタカ派が推し進める野心的な核兵器の「近代化」計画を承認せざるを得なかった。それは、核兵器をかつてないほど使用可能なものにしようとする計画であった。オバマ大統領は、渋々ながら核兵器の有用性を追求したのである。平和主義の傾向を持っていたカーター大統領と同じく、オバマ大統領もまた、もし核戦争が起こった場合、核戦力の近代化を進めるロシアや中国が、核戦争を戦う能力や戦略において米国が劣位にあると結論づけるようなことを許してはならないと判断したようであった。

しかし、極限状況において核兵器を実際に使用する準備を整える必要性を認めた一方で、オバマ大統領は、そのような兵器の使用計画を完全に国防総省に委ねるつもりは全くなかった。2010年のNPRやそれに伴う実施方針を検討する中で、オバマ大統領は、何より核戦争と非核戦争との間の敷居を非常に高いものとして維持し、心理的に際立ったものにしておくことを主張していた。そして、軍部への指針において、もし万が一この重大な敷居を超えなければならないとしたら、あらゆる作戦は「武力紛争法の基本原則に従わなければならな

Ⅱ　核先制不使用と核抑止

い」と強く主張したのである。「したがって、計画は、……区別と比例性の原則を適用し、一般市民や民間目標への巻き添え被害を最小限にするよう努める」とされたのである。つまり、「米国は、意図的に一般市民や民間目標を標的としない」ということであった（US Department of Defense 2013）。

　こうした核戦争の制限規則は、軍のドクトリンの中に盛り込まれていった。2013年6月、国防総省による「核兵器運用戦略（Report on Nuclear Employment Strategy）」として具体化された「新たな方針」は、潜在敵国に対する対戦力（counterforce）能力（「戦略兵器システムに向けられた」という意味の専門用語）を重要なものとして米国が維持していくことを求めていた一方、「一般市民への攻撃（counter value）」あるいは「最小限抑止（minimum deterrence）」戦略（「人口の中心に向けられた」という意味の専門用語）に依存しないというものであった（US Department of Defense 2013）。

　これは、米国が核戦争を抑止するために確証破壊の威嚇を放棄したことを意味するだろうか。それは、明らかに誤りである。この方針は、思慮深く検討されていたのである。「依存しない」ということは、必ずしも、「それを用いない」ということを意味するわけではない。しかし、以前より明確かつオープンになったことは、敵国に対する大量確証破壊というオプションが、すでに激化の一途を辿る核戦争のまさに最後に用いる手段として位置づけられたことであった。そのような状況では、その前段階にある全てのオプションが使い果たされ、すでに暴力の制御に失敗していなくてはならないのである。

　オバマ大統領は、戦うことに乗り気ではなかったし、核戦争を戦うことにはなおさら乗り気ではなかった。それゆえ、彼の前任者たちと同じように、オバマ大統領は大虐殺に至らないようなレベルで核戦争を戦うことができる強い能力を持った核兵器を保持することに向かった。精密誘導や低威力の核兵器、極音速輸送システムなど、軍事技術の発展には目覚ましいものがある。それらは、かつてシュレシンジャーやブレジンスキーがSIOPの中に組み込もうと考えた限定的な対戦力能力について広範なオプションを最高司令官に与えるようになっている。オバマ大統領は、そのような先進技術を戦略体系に組み込む作業を取り仕切り、国防総省による核兵器の近代化計画の多くを支持したのであ

る。それらは、今後30年間で少なくとも1兆ドルのコストを必要とするとも言われている。それは、単に新STARTを議会のタカ派に承認させるためだけではなく、核戦争を戦うことができる信頼性の高い能力を持つべきだという論理に屈した結果とも言えよう。

　しかしながら、こうしたアプローチには困難も付きまとう。オバマ大統領は、任意の軍事目標に正確に誘導され、爆発するという比較的威力の抑制された核兵器が、実質的に非核戦争と核戦争との間の敷居を超えることについて、国家の道徳的抑制を損ねてしまう可能性を十分理解していた。また、民間人の「巻き添え被害」を最小限に止める核戦争プランは、核兵器という手段に訴えることに対する道徳的タブーを侵食していくという逆説的影響をもたらすかもしれない。限定核戦争を主張する戦略家たちは、技術イノベーションの進展を指摘しつつ、全ての核兵器が大量破壊兵器ではないと議論する。それゆえ、そうした兵器の使用は、大量虐殺というレベルでの戦争へと至るエスカレーションを運命づけるものではないと主張するのである。確かに、核兵器を用いること全てが、必ずしも大量破壊戦争の前触れとなるわけではないかもしれない。限定核戦争を支持する戦略家たちは、標的に対し注意深く正確に行われる核攻撃であれば、暴力の応酬を制御し、戦争の終結を促進するという自信に満ちた前提を主張する。しかし、核戦争へのエスカレーションを制御できる可能性を認識することは、こうした前提の正当性を立証するものではない。このような期待は、放射線や核爆発による大火災（firestorm）を拡散し得る気象パターンが予測できないにもかかわらず低威力の核兵器によるダメージは抑制されるだろうという前提や、戦争を不透明化させるような深刻な問題は起こらないだろうという不確かな前提に基づいているのである。さらに言えば、核兵器の使用を控えるという重大な敷居を一度跨いでしまえば、核によるホロコーストへと至るまでに、「ここまでにしておこう」という合意が成り立つような、目に見える心理的に際立った他のステップはほとんどなくなってしまう。たとえ、そんなものがあったとしても、ごくわずかであろう。

　こうした深刻な懸念を反映して、2010年のNPRは、しっかりとした核兵器が引き続き必要であり、米国の拡大核抑止（核の傘）が依然として同盟国や友

Ⅱ　核先制不使用と核抑止

好国、NPTの遵守国に提供されていることを再確認した一方で、米国の国家安全保障政策における核兵器の役割を低減していくという立場を表明し、これに取り組んでいく姿勢を強調した。このNPRが主張するように、そのための主要条件は、通常戦力や核を使用しない他の戦略能力を増強することであった。こうした点は、軍への指針においても特別な重点が置かれたものであった。2013年の国防総省による「核兵器運用戦略」は、「どのような目的や効果が達成できるかを評価するために、核兵器を用いない攻撃のオプションについて慎重に計画すること」を求めていたのである。さらに、この指針は、「そのような目的や効果を実現するために可能な手段を提案すること」を指示していた。「核兵器を代替するものはない」ということを認めつつも、この指針は「核を用いない攻撃オプションを計画することは、核兵器の役割を低減させるための中心的要素」であると主張したのである（US Department of Defense 2013）。

　全体として見てみれば、オバマ政権の立場は、核兵器を保有し、極限状況にある場合にのみ制御可能な方法において使用するというものであった。こうした弁明は、標的を区別でき、均衡のとれた使用がずっと容易である非核兵器が、ますます抑止や防衛上の必要性において大きな役割を担っていくだろうという繰り返し主張された約束が前提となっていた。

6　2018年の「核態勢の見直し」

　2018年2月に発表されたトランプ政権のNPRは、「核なき世界」に向けて取り組もうとしたオバマ政権のNPRとは対照的なものであった。その基本的考えや論調は、核兵器の近代化計画が実現した時に可能となるものに対する一種の誇りのようなものさえ感じられるものである。トランプ政権のNPRに投影されるように、それは次のような能力である。

> 米国の核能力および核の指揮・統制・通信（nuclear command, control, and communication: NC3）は、抑止戦略を広範な潜在敵国や脅威に適合させ、時間経過に伴う調整が可能となるよう、ますます柔軟なものとなる。したがって、米国および同盟国や友好国に対する核攻撃・非核攻撃はその目的を達成できず、現在そして将来において

潜在敵国が容認できないような結末をもたらすという信頼性の高いリスクが伴うようにするために必要となる柔軟な核能力を米国は維持する（US Department of Defense 2018）。

核兵器の役割は、かつてないほど広く捉えられている。2018年のNPRは、「米国の核戦力は、核および非核攻撃に対する抑止に不可欠な貢献をする。核兵器が有する抑止効果は特別なものであり、……予見できる将来においても変わらないだろう」という立場を明らかにしている。

2018年のNPRが好んで用いる包括的なコンセプトは、「状況に応じた柔軟な」戦力である。これは、標的目標、核弾頭の威力の程度、交戦規定などに関して適用されるものである。そして、2018年のNPRは、これまで核態勢について公表されてきた以前の報告書より断定的かつオープンに、限定的で制御可能な戦略核戦争があり得るとする議論を国防総省が受け入れていることを示唆している（Larsen and Kartchnew 2014）。

また、2010年と比較した時、トランプ政権のNPRにおいて顕著なのは、核兵器の広範かつ多様な機能への強い関心である。2018年のNPRには、次のようにある。

> 米国の核能力は、核および非核攻撃の両方を抑止するうえで比類なき貢献を成すものである。このような目的のために、核戦力は不可欠であり、予見できる将来においてもそれは変わらないだろう。非核戦力も抑止において重要な役割を担うが、それは比肩できる抑止効果は持たない。……さらに言えば、通常戦力のみでは、安全保障において米国の拡大抑止に大きな価値を置いている多くの同盟国を安心させるためには不十分である。結果として、それはまた核不拡散の鍵でもある。

米国の核兵器で抑止される非核攻撃は、化学兵器や生物兵器のような他のタイプの大量破壊兵器を用いた攻撃ばかりではなく、通常兵器による攻撃や、サイバー兵器あるいはロボット兵器のような新たなタイプの攻撃、そして大規模なテロ行為まで含まれる。国防総省によれば、核による対応に値する——あるいは、米国による先制攻撃さえあり得るかもしれない——他の非核戦略攻撃に

Ⅱ 核先制不使用と核抑止

は、例えば米国の人工衛星を使用不能にするなど、米国の指揮統制機能を麻痺させることを目指した攻撃が含まれている。

2018年のNPRは、米国が極限状況にある時にのみ核兵器の使用という手段に訴えるという従来の考えを繰り返し述べている。一方、この報告書は、全体としてみれば、どのような状況が「極限（extreme）」状況にあたるのかという点について、非常に幅のある考えを暗に示している。例えば、NATOのメンバーであるバルト諸国のいずれかに対するロシアの大規模な非核攻撃を含むかもしれない。また、台湾に対する中国人民解放軍の侵攻開始を指す場合もあり得るかもしれない。このNPRの基本的立場は、米国が描く死活的国益のレッドラインを越えようとする大量破壊兵器で武装した敵国を核兵器で攻撃する準備を整えるものであり、その概念においても、具体的な兵器システムの提言においても、攻撃的な姿勢を示している。

米国の総合的な軍事計画や訓練の中に核戦争のための計画を組み込むことを重視する姿勢は、核戦争を怖れないという基本的立場に信憑性を与えるものであった。2018年のNPRには、次のようにある。

> 米国は、核能力を維持・更新し、NC3を近代化する。そして、核と非核の軍事計画の統合を強化していく。戦闘司令部（Combat Commands）および各軍部隊は、その任務のために構成され、必要な資源を備えていく。そして、敵国による核の脅威や使用に直面した場合に運用可能な米国の核および非核戦力を統合する計画、訓練、演習を行っていく。

核戦争と非核戦争の統合は、「二重の能力（dual capacity）」を備えた兵器にかつてない程度にまで依存することによって促進される。戦闘爆撃機や潜水艦から発射され、核弾頭および非核弾頭のいずれでも搭載することが可能な新たな巡航ミサイルは、その代表例として挙げられる。これまで米国政府は、核攻撃と非核攻撃の区別が曖昧になることを懸念してきた。だからこそ、それらを明確に区別する方法を追求し、その死活的な敷居を超えることがないよう敵国にシグナルを送ってきたのである。しかし、トランプ政権は、そのような区別を不明確にする能力や戦略を採用しているように見えるのである。

なぜか。

その理由の一つは、米国の主要な潜在敵国がそのような敷居を曖昧にする能力を追求しているからであると考えられる。それゆえ、2018年のNPRは、近代化された「柔軟で状況に応じた」核兵器の役割を次のように説明している。

> 限定的な核の使用が米国およびその同盟国に対する優位を与えるという誤った自信を潜在敵国が抱くことを拒否することによって抑止力を高める。潜在的には威力の低い核兵器も含め、限定的な核の先制使用がそのような優位性を与えるというロシアの考えは、一つには、より多くの多様な非戦略核兵器が危機および紛争の初期段階において強制的な優位をもたらすというモスクワの認識に基づいている。このように進化する核兵器のドクトリンに関する最近のロシアの意思表明は、モスクワによる核兵器システムの先制使用の敷居を下げているように見える。
> 中国は、核戦力の数、能力、そして防護対策を増強させ続けている。中国の宣言政策やドクトリンに変化は見られないものの、核の近代化計画に関する範囲や規模について透明性が欠けていることは、中国の将来的な意図について疑問を投げかけている。中国は、陸上輸送が可能な新たな戦略大陸間弾道ミサイル（ICBM：intercontinental ballistic missile）、サイロ格納型の新たな多弾頭ICBM（DF-5）、新たな潜水艦発射型弾道ミサイル（SLBM：submarine-launched ballistic missile）を搭載した最新型潜水艦などを開発している。また、中国は新たな核能力を備えた戦略爆撃機の開発を公表している。これは、中国に核の三本柱を提供するものである。また中国は、陸上および海上の標的を攻撃することが可能な核能力を備えた精密誘導中距離弾道ミサイルDF-26を配備している。

オバマ前大統領は、非核攻撃と核攻撃の間の敷居が堅固なものであり、実質的に超えることができないものであることを望んだ。しかし、こうした敷居は、「ダイヤルで威力を調整できる（dial-a-yield）」核弾頭をはじめ、国防総省が喧伝する技術的進歩によって侵食されつつある。おそらく、標的に向かって発射される前に、さもなければ社会を破壊することになりかねない核兵器の爆発力やその致死効果は、広島に投下された原子爆弾を実質的に下回るレベルにまで低く調節できるものと思われる。しかしながら、米国科学者連盟（Federation of American Scientists）の専門家たちは、核戦争が比較的「きれいに」行われるという考えに異議を唱えている。彼らは、「低威力の核兵器であっても、最大級の通常兵器の数千倍の破壊力を持つのであり、同盟国あるいは敵国の領

土の広い範囲を汚染するリスクがある」と主張したのである（Mount 2018）。さらに、逆説的ではあるが、核兵器による社会的損失が通常兵器のレベルにまで実際に低減させることができるのであれば、核戦争と通常戦争の間の運命を左右する敷居ははるかに低くなるだろう。しかし、2018年のNPRの広報担当官は、ダイヤルで威力が調節できるというコンセプトは敷居を高くするものだともっともらしく主張し続けるのである。

　二重の役割を備えた兵器を保有し、核兵器と非核兵器の隔たりを小さくしていくことが核戦争のエスカレーションを抑制するという誤ったドクトリンを、NPRの策定に関わった戦略家たちはどのように支持したのだろうか。そこには、次のような2つの前提が持ち込まれたものと考えられる。（1）米国の敵こそが、核戦争へのエスカレーションを招く真犯人であるということ（それが米国自身であることは、あるとしても極めて稀であるということ）。（2）限定核戦争において敵を打破する米国の能力は、いかなる核攻撃者も追い払うことができるということ。しかし、この誇らしげな第二の前提は、いくぶん不可解な第一の前提を損なう傾向を持つ。それは、核兵器の先制使用を禁止し、あるいは、少なくとも政府が核戦争のレベルにまで紛争をエスカレートさせることへの事前承認を得るよう求める米議会の試みを、このNPRが完全否定しているからである（オバマ政権は、先制使用への制限を受け入れようとしなかったが、それは、核兵器の「唯一の用途（sole use）」は核攻撃の抑止であるというグランドストラテジーに向けて取り組む意図を確認する言葉として表現されていた）。

　2018年のNPRにおいて、限定核戦争を戦う能力を保有・実行・誇示することに正当性を与える主要な根拠となったのは、現在そして将来における敵国の意図と能力であった。核戦力態勢の意味するところは、この文書の中で繰り返し述べられている。つまり、「大統領は、様々な運搬システムや爆発力を含め、限定的で確実なオプションを幅広く持たなければならない」ということであった。

　1945年以来、米国のグランドストラテジーは、核戦争を抑止するだけでなく、核戦争を戦うための計画を含むものであった。たとえ、抑止が主要な目的であったとしても、核戦争を戦う計画が検討されてきたということは現実なの

である。米国政府の上層部では、潜在敵国に対し、こうした計画のどの部分をどの程度明らかにすべきかという点について慎重に検討が重ねられてきた。それは、核戦争の抑止を強化し、核戦争に至るエスカレーションを（戦争以前および戦時中において）阻止するためであった。しかし、そのような宣言が抑止の不可欠な装置として見なされるという事実は、誇示された能力が相手を脅すことだけを意図しているわけではないということを示している。トランプ大統領の猛々しいNPRにおいてこれまでになくはっきりと打ち出された米国の軍事態勢は、限定的なものであれ、全面的なものであれ、実際の核戦争を戦うためのハードウェアやソフトウェアを実態面でも予算面でも含むものであった。ロシアや中国が本気なら、この両国とすら事を構えようというのである。米国の国家安全保障政策における核兵器の役割を実質的に低減させようとしたオバマ大統領の取り組みは、その逆方向を照らす一筋の光だったが、本稿執筆時点では、残念ながらそれは目に見えなくなっている。

【出典】
Brown, Seyom. 2018. "The Trump Administration's Nuclear Posture Review (NPR): In Historical Perspective," *Journal for Peace and Nuclear Disarmament* 1(2): 268-280. DOI: 10.1080/25751654.2018.1494092

〔翻訳：永井雄一郎〕

III
北朝鮮の非核化

8

米朝会談と北東アジアの安全保障

レオン・V・シーガル

　米国のドナルド・トランプ大統領と北朝鮮の指導者である金正恩委員長との間で行われた［2018年6月12日の］シンガポール首脳会談は、北東アジアの地政学における劇的な転換を示すものになるかもしれない。
　そのことは、この首脳会談を単なる写真撮影の場や、失敗であるなどとみなしてミスリードしている報道からは決してうかがい知ることはできない。会談を見ていた人たちの誤った結論は、金委員長の目標とそれを満たすためのトランプ大統領の初期の動きについての誤った仮定に基づいていた。
　金委員長が、米韓同盟の終結、米国による核の傘の撤去、朝鮮半島からの米軍の撤収、北朝鮮版マーシャル・プランによる経済支援、あるいは単に書面による安全の保証を求めているという憶測とは対照的に、金委員長が米国に対して本当に望んでいたことは、米国が抱く敵意をなくし、米朝間で和解することであった。もしそうであれば、そのような変化は北東アジアの安全保障に大きな影響を与える可能性がある。
　米国の敵視政策が終わることは、金正日の代からの30年来の目標であった。冷戦を通じ、金正恩の祖父である金日成は、自由の利く状態を維持するために、中国がソ連と争うように仕向けた。1988年、ソ連の崩壊を見越して、彼は、不信感を抱いていた中国への過度の依存を避けるために、米国・韓国・日本との和解に手を伸ばした。金一族の目標は、中国の力が大きくなるにつれてより

Ⅲ　北朝鮮の非核化

重要になってきている。

　北朝鮮の視点からすれば、そうした目標は、米国が「政治・経済関係の完全な正常化に向けて取り組む」ことを約束した1994年の枠組み合意の基礎であり、簡単に言えば敵視政策の終結である。それはまた、米国と北朝鮮が「お互いの主権を尊重し、平和的に共存し、二国間関係に関するそれぞれの政策の下で関係を正常化するための措置を講じる」こと、および、「朝鮮半島の恒久的な平和体制について交渉する」ことを約束した2005年9月の六者協議共同声明の本質でもあった。米国政府にとって、これらの合意のポイントは、北朝鮮の核・ミサイル計画の放棄であった。しかし、米国政府が和解のための約束をほとんど実行せず、北朝鮮が非核化の約束に背いたことで、両合意は崩れ去った。

　北朝鮮はこれまでの米国大統領に接触を試みてきたが、いずれも失敗に終わっていた。しかし、トランプ大統領は金委員長との会談に前向きであっただけでなく、米朝の歴史の中で初めて共同声明に署名を行った。この共同声明は、詳細を記述することなく、「朝鮮半島を完全に非核化」することを北朝鮮に約束させた。少なくとも重要な点として、米朝両国の首脳は「新たな米朝関係の確立」と「朝鮮半島における持続的で安定した平和体制の構築」を約束したのである。[1]

　トランプ大統領にとって、金委員長と会談し、過去の大統領が決して行わなかった朝鮮戦争の終結および関係正常化のための交渉と、韓国との大規模合同軍事演習を延期する用意があると述べたことよりも、敵視政策の終結と和解の用意があることを示すより良い方法があるであろうか？

1　衝動的な行動ではない

　トランプ大統領が北朝鮮への関与に意欲的であったことは、批判する人々が強く主張しているような、衝動的なものでも不用意なものでもなかった。2016年の選挙活動の中で、トランプ候補は、北朝鮮との交渉について繰り返し述べており、北朝鮮はそのシグナルを見逃さなかった。大統領就任から数日のうちに、トランプ大統領は洪水被害からの救済のためにそれまでの5年間で初

めてとなる北朝鮮への人道支援として僅かな金額の送金を承認した。2017年2月、トランプ大統領は、北朝鮮外務省のチェ・ソンヒ（Choe Son Hui）米州局長を招き、北朝鮮との交渉担当大使であるジョセフ・ユンとニューヨークで会談することを許可した。ただし結局、会議はクアラルンプールでの金委員長の異母兄弟の暗殺によって中止となった。しかし数週間以内に、ユン大使は「ニューヨーク・チャンネル」での対話を開始し、後日、オスロと平壌でチェ局長と会談を行った。また、諜報部門のルートも活性化された。その秋、ユン大使は交渉の前提条件を下げる権限を与えられた。

　金正恩もまた、長期間にわたって交渉への関心のシグナルを送っていた。2013年5月31日に公布された「並進（ビョンジン）」戦略路線でさえ、核兵器やミサイルの実験と核分裂性物質の生産を中止することを示唆する重要な条件を含んでいた。その中では、「現在の情勢の下、経済の構築と核戦力の建造を同時に遂行する」[2]と述べており、また、北朝鮮の外交官らはそれを、「敵視政策」が続く限り、と説明した。2016年5月8日の決定で、朝鮮労働党第7回大会は、「並進」を、「経済建設と核戦力の建造を同時に推し進め、帝国主義者の核の脅威と恣意的な実行が続く限り、質と量の両面で自衛のための核戦力を増強する」[3]と特徴付けた。並進路線の条件付けは、北朝鮮が最終的にはミサイルと核兵器の生産を制限するかもしれないことを示唆している。2013年6月16日の国防委員会の声明では、「地域の平和と安全を確立するため、北朝鮮と米国当局との高官協議」を要求した。この声明ではまた、「朝鮮半島の非核化は我々の指導者の強い要請であり」、さらに「失敗することなく必ず実行されなければならない」[4]として、米国の主要な要請に対応する意欲を示している。非公式の接触では、北朝鮮の当局者は彼らの指導者の要望を強調し、韓国との高官レベル協議の場を設けるための手助けを求めた。2016年7月6日、北朝鮮の核実験とミサイル発射実験が続けられている中、北朝鮮政府の報道官は、「朝鮮半島の非核化は偉大な指導者である金日成と、父なる将軍である金正日、そして我が党、軍隊および人民の確固たる意志である」[5]とする声明を発表して、非核化を金委員長の父と祖父によって神聖化されたものとして特徴付けたのである。

Ⅲ　北朝鮮の非核化

　金委員長は、核実験とミサイル発射実験を停止するタイミングをほのめかし続けた。2017年9月16日の中距離ミサイル「火星12号」の発射を「指揮」して、彼は次のように語ったとされる。「我々は、熱狂的な大国主義者たちに、いかに我々の国家が際限のない制裁と封鎖にもかかわらず核戦力の完成というゴールに到達したかをはっきりと示す必要があり」、「最終地点への到着が近づくにつれ、すべての国家的な努力の動員[6]」によって取り組みを仕上げることの必要性を強調した。この声明は、事態の終局がいったん近づいた場合に、核兵器とミサイルの実験が停止される可能性を高めた。

　大陸間弾道ミサイル（ICBM）「火星14号」の2回目の試験発射が成功した後、キム委員長は「試験発射はICBMシステムの信頼性を再確認し、いつどの地域や場所からでもICBMの奇襲発射を可能とする能力を実証し、米国本土全体が北朝鮮のミサイルの射程内にあることを明確に証明した」と宣言した。2017年11月29日のICBM「火星15号」の発射成功後、彼はより明確に、その日が「国家の核武力を完成させ、ロケット発射能力を打ち立てるという歴史的大業が実現した重要な日であった[7]」と述べた。2018年1月1日の新年の演説では、実験は今や完了し、本格的な生産がこれに続くことを示唆した。

　　核兵器研究部門とロケット産業界は、核弾頭と弾道ミサイルを量産することになろう。その能力と信頼性はすでに完全なものと実証されており、あとは、実用に向けてそれらを配備する取り組みを急ぐばかりである。

　それ以来、大量生産についてこれ以上のことは述べられていない。「核兵器発射のボタンは常に私のオフィスの机の上に置かれている」、そして、北朝鮮のミサイルはアメリカ全土を標的にすることができる、というのだが、それにも関わらず、北朝鮮は「深刻な軍事的緊張の緩和」と「朝鮮半島の平和的な環境作り[8]」のために平昌オリンピックに参加することを提案したのである。

　1年前にキム委員長が新年の演説を行った日の翌日、大統領に選出されていたドナルド・トランプは、「北朝鮮は先ほど、米国の一部に到達可能な核兵器を開発する最終段階にあると述べた」が、「そんなことは起こらない」とツイートした。金正恩は、実証された熱核兵器と米国全土への運搬能力のある再

突入体を付けた ICBM の保有一歩手前で核実験とミサイル発射実験を停止することにより、トランプの望みどおりになるようにしたのである。

2 地域安全保障への示唆

シンガポール共同声明における相互の約束は、北朝鮮には「朝鮮半島の完全な非核化」へのコミットを、米国には北朝鮮との和解と「持続的で安定した平和体制の構築」へのコミットを求めている。これは、北東アジアのバランス・オブ・パワーへの潜在的な深い示唆を含みうる。

懐疑派は、米朝のいずれかが本気ではないのではないかと疑っている。このことは誰にも分からない。それを明らかにするには、交渉を継続し、コミットメントを維持し、相手側がそれを行うかどうかを試すしかない。製造施設の解体、武装解除、そしてそれらの検証には数年を要する。和解に向かっていると納得できるようなステップについても然りである。

最優先の仕事は、北朝鮮に核分裂性物質の生産を一時的に中止させ、可能であれば、中距離弾道ミサイルと大陸間弾道ミサイルの製造と配備についても一時中止させることである。遠隔監視はいくらか役に立つかもしれないが、検証について細かく交渉するために一時的な中止を遅らせることになれば、その間に、より多くのプルトニウムと高濃縮ウランが生産され、さらに多くのミサイルを配備する時間を許すことになる。見返りとして、米国政府は、韓国および北朝鮮の政府と共に朝鮮戦争の終結を約束する宣言を発出することができよう。また、核問題が起こる前に課された対敵国通商法の下での制裁について、さらに3回目の緩和を行うこともできる。そして、2008年に韓国が一方的に停止したエネルギー支援も再開することができる。

検証は、核分裂性物質、核兵器、中距離および長距離弾道ミサイルと、すべての製造施設を北朝鮮政府が申告することから始まる。北朝鮮が「六者協議の専門家」への「フルアクセス」を許可することに合意し、国際原子力機関（IAEA）が「非核兵器国に対する適切な保障措置」のための「協議と援助を提供すること」とした2008年10月の共同文書の線に沿って、これは進められうる。その中には、寧辺（ヨンビョン）にある申告された原子炉、再処理施設、

Ⅲ　北朝鮮の非核化

燃料加工施設の3つの核関連施設における記録、「個人のノート」、「技術者のインタビュー」、「核物質と機器の科学的特定」、「環境試料と核廃棄物のサンプル」が含まれる。これは、北朝鮮がどれだけの量のプルトニウムを生産したのかを確認するのには十分かもしれない。そうでないとしても、北朝鮮は「双方の同意に基づき、未申告の施設へのアクセス」[9]を許可することにも同意している。このためには、朝鮮半島の和平プロセス、外交上の承認に向けたステップ、エネルギー支援、韓国での相互査察などを含む敵視政策の終結に向けたさらなる段階が必要となる。

3　継続された北朝鮮の核武装

1つの可能性は、交渉が失敗し、地域の安全保障に深刻な結果が生じることである。北朝鮮の武装はすでに近隣諸国との摩擦を増大させている。当初の米国の反応は、核兵器を搭載可能な爆撃機を含め、地域内で戦力をローテーション配備し、海上および地上配備型ミサイル防衛システムと、それに関連するレーダーを韓国および日本に展開することで、同盟国に安心供与を行うことであった。しかしながらミサイル防衛は、それほど効果がないにもかかわらず、中国とロシアからの反感を買った。中国は、レーダーは米国本土のミサイル防衛と結びつき、（日韓間の歴史的な摩擦にもかかわらず）米国との同盟の強化を余儀なくさせることを知っている。中国政府は、核戦力の強化と、中国とのビジネスを行っている韓国企業に罰を与えることでこれに反応した。ロシアは、アジアに展開可能な新型の核弾頭搭載巡航ミサイルを含む、核戦力の近代化を進めている。

際限のない北朝鮮の核開発計画は、地域の地政学にはるかに深刻な影響を与える可能性がある。すでにいくつかの影響力のある人々が、韓国と日本に対し、自国の核兵器を持つようにと主張しているが、これは米国との同盟関係を損ない、さらに中国とロシアが核戦力の増強を行う引き金になりかねない。

こうした結末は、北朝鮮の核問題に関して交渉を通じた解決を求める米国の取り組みを促すこととなった。

4 同盟か安全保障パートナーシップか

　米国と韓国政府が北朝鮮と政治的・経済的な関係正常化を行い、朝鮮戦争終結のための正式な平和条約を結び、北朝鮮が長く求めている米朝同盟を実現することなしには、核兵器とミサイルの計画を廃業するためにさらに一時的な中断以上のことを行うよう北朝鮮を説得できる可能性は低い。6月7日のNHKインタビューで、マイク・ポンペオ国務長官は、「米国政府は米朝両国間に根本的に異なる戦略的な関係を築きたい」と述べ、その意欲をほのめかした。

　北朝鮮にとって、近隣の強力な国家に対する安全を保証されるための良い方法として、遠く離れた米国との同盟以外にはどのようなものがあるだろうか？ 北朝鮮の外交官たちは、米国との非公式の接触で、以前から長く米国政府との同盟について語ってきている。北朝鮮軍の代表者たちは、1990年代初めに板門店で行われた軍事対話において、米国との同盟の可能性を示唆してさえいた。さらに、キム・ヨンスン（Kim Yong Sun）朝鮮労働党書記も、1992年1月の米朝間で初となる高官協議において、アーノルド・カンター国務次官に対してその話題を持ち出している。

　同盟は確かに、北朝鮮の安全保障への要望に対処し、中国の過度な伸張と日本の復活に対する防衛策となるだろう。それは、北朝鮮政府が米国の「敵視政策」と呼ぶものを明確に終わらせるだろう。北朝鮮に同盟の可能性を抱かせることは、北朝鮮政府に、真に「完全な非核化」を実行させるための、最も切実な誘引となるだろう。

　北朝鮮による同盟関係の逆転は、特に、もし米軍が朝鮮半島の安全を保証するための存在として残る場合には、地域安全保障の地殻を変えるだろう。北朝鮮側は、韓国側で起きうる反発を避けるために、米国は朝鮮半島において同時に2つの同盟国を有することができると述べていた。韓国の保守派は、そうした見通しを平静に受け止めることはないだろう。安倍晋三首相もまたそうであろう。なぜなら彼は、いかなる北朝鮮との交渉にも抵抗しているからである。韓国と日本政府の反対を米国政権が打開することは難しいかもしれない。というのも、そうした合意を承認する立場にある議会の側に熱意が欠けているから

Ⅲ　北朝鮮の非核化

である。このような再編成はまた、中国において、明白な敵意とまでは言えないとしても、地域内の誰の安全保障も強化しないとの疑念を引き起こすことだろう。習近平が繰り返し行った金正恩との会談は、こうした急激な変化に対する中国の懸念を強く示しているようであった。ロシアもまた、いかなる解決策からも外されていると不快に思う可能性が高い。こうしたマイナスのリスクを考慮に入れるならば、地域の他の当事国の懸念に対応し、それらすべての安全保障を強化するより良い方法はあるだろうか？

　1つの可能性は、必然的にすべての地域の当事国を適切な時期に並行した交渉に組み入れ、安全保障上の懸念が対処されることを保証する包括的な安全保障アプローチである。

　包括的な合意はどのようなものになるだろうか？　ノーチラス研究所の論文（Halperin et al. 2018）で述べられているように、そこには6つの相互に連動し合った重要な要素がある。

（1）平和条約の交渉を約束するか、2005年9月の共同声明が「平和体制」としたものを確立するための平和宣言をもって、朝鮮戦争の休戦を終わらせることを目的とした、3カ国の平和プロセスを開始する。
（2）敵意が存在しないことを宣言し、関係の正常化に向かう。
（3）時間をかけて徐々に制裁を緩和する。
（4）北朝鮮に対して、人道支援と経済およびエネルギー支援を提供する。特に、ユーラシアから北朝鮮を経て韓国や日本へとつながる陸路を連結するエネルギー、通信、物流、輸送、移動、貿易、金融などの多様な形のネットワークを完成させることによって、地域全体に利益をもたらす援助を行う。
（5）6カ国による北東アジア安全保障理事会を設置する。
（6）北朝鮮の非核へのコミットメントを、法的拘束力のある形で再構築するための非核兵器地帯を設立する。これは、北朝鮮の核施設および核兵器の解体と、北朝鮮も含めたすべての国々を対等の立場で扱う形で地域における核の脅威を管理するための枠組みを提供することになる。

　最初の5つの要素は、北朝鮮に対する敵視政策の終結を長期にわたって具体化したもので、いずれも2005年9月の六者協議共同声明で合意されたが、実施されることはなかった。もし、考えられたとおり、これらの段階を実施する中

で進展が見られなかったことが過去の非核化に向けた進展を危険にさらしていたのであれば、これらの目的を満たすための並行した取り組みなしに非核化に大きな進展が生まれると想像することは難しい。

　第6の要素は、米朝同盟の代替案となりうる。北朝鮮以外の5カ国は、法的拘束力のある非兵器地帯を設立し、実施する。そのうえで、北朝鮮が、核兵器廃棄のための具体的な行動に合わせて、最終的に非核兵器地帯条約を受け入れて加入するのを待つことができよう。北朝鮮側は、そのような取り決めに時折関心を表明してきている（Halperin et al. 2018）。非核兵器地帯の合意には、二国間同盟や非核化合意よりも大きなアドバンテージがある。第一に、両者は法的拘束力を有しているが、非核兵器地帯が他の当事国を引き込む限りにおいては、法的・政治的な結びつきが強化され、それによって、提案されたいかなる取り決めであっても、その永続性に対する北朝鮮の認識を強めることができる。第二に、核兵器国が条約の締約国であるすべての非核兵器国に対してどのように核兵器による威嚇を使用し、それによってお互いにどう対峙するかということに影響を与えるため、非核兵器地帯はより永続的になるかもしれない。第三に、核不拡散条約の枠を超えた安全保障コミットメントを必然的に伴う可能性がある。最後に、非核兵器地帯は、核兵器がないといったん認められた北朝鮮に対し、米国が核兵器による威嚇や攻撃の対象とせず、他の核兵器国やその同盟国からの攻撃に対して防衛するという保証を与えることによって、安全保障同盟への効果的な代替策として機能しうる。

　朝鮮半島全体の主権に対する競合した主張に影響を及ぼす可能性があるため、南北朝鮮は相互に条約に署名することに消極的であるが、非核兵器地帯条約は、北朝鮮と韓国の両国が過去に問題なく署名できた標準的な国連の多国間条約の形をとっている。さらに、他の4カ国は、北朝鮮と韓国のみによる非核化合意の永続性に関して懐疑的で、核兵器国が核不拡散条約の下で提供する一方的な保証よりも、多国間での保証を好むかもしれない。非核兵器国となった北朝鮮と韓国を含む国連の非核兵器地帯は、日本やモンゴルといった地域の他の非核兵器国に対して、設立当初か、その後の時期のいずれかに署名開放される。

Ⅲ　北朝鮮の非核化

　このアプローチでは、米朝関係は敵同士から安全保障上のパートナーへと変化する。すなわち、北朝鮮は敵国でも同盟国でもない、その中間のどこかに位置付けられる（Halperin et al. 2018）。安全保障上のパートナーは、完全な同盟国ではない国であり、サウジアラビアやパキスタンと米国との連携の事例のように、米国やその同盟国と深刻な安全保障上の争いがある場合もある。そして、このようなパートナーシップは、人権などの他の領域の問題に対処するために、以前よりも強い影響力を生み出すかもしれない。

　このような状況下で、米軍と朝鮮人民軍を含む安全保障パートナーシップは、戦時中の米軍による韓国軍の指揮統制を伴う米韓連合軍司令部を終了させるものではない。何十年もかかるかもしれないが、軍事的な緊張が緩和し、韓国と北朝鮮のいずれにとっても、戦争がもはやもっともらしい選択肢ではなくなる時点まで、抑止力の役割はそのままであり続けるだろう。要するに、朝鮮人民軍との安全保障パートナーシップは、同盟国に対する米国の拡大抑止と両立する。

　過去の交渉では、米国側は、米国の同盟国になってもよいとの北朝鮮側からのシグナルを無視したりはねつけたりしていた。これらの交渉によって明らかになった根本的な問題に対処すること、そして、急激な地政学上の再編がもたらす帰結を緩和し、地域のすべての国々の安全保障を向上させ、朝鮮半島の非核化を促進する代替的な関係が存在するかどうかを探ることが、時宜にかなっているのである。

【出典】
Sigal, Leon V. 2018. "The Singapore Summit and Northeast Asian Security," *Journal for Peace and Nuclear Disarmament* 1(2): 344-351. DOI: 10.1080/25751654.2018.1507066

〔翻訳：榎本　浩司〕

9

米中対立が朝鮮半島に与える影響

李　成賢

　2018年9月12日、ウラジオストックで開催された東方経済フォーラムにおいて、中国の習近平国家主席は、朝鮮戦争を終結させる3カ国平和宣言を進んで歓迎する姿勢を示唆したとされる。これが本当なら、中国政府は、現在の米朝非核化交渉の行き詰まり打開の手助けとなる譲歩をしたことになる。報道によれば、南北朝鮮と米国による、つまり明らかに中国を含まない、3カ国による公式な戦争終結宣言を中国は進んで受け入れるだろうとのシグナルを習は発したのだ。

　自由アジア放送中国語版によれば、習は慣用句を引用してこう述べたという。「中国の成句に『解鈴系鈴』(虎に鈴を付けた者に外させるべし)とある。彼らが努力を続けるべきだ。私たちもまた彼らを支援する必要がある」と。中国外交部のウエブサイトにこの習発言は掲載されておらず、国営メディアもこれを報じていない。

　北朝鮮が主張する朝鮮戦争終結の公式宣言は、米朝交渉の厄介な躓きの石となっている。この交渉をさらに複雑化させているのが、いわゆる「中国ファクター」だ。米国が中国の存在ゆえに朝鮮戦争終結宣言の問題を北朝鮮と正式な場で議論することに躊躇していることを中国は十分承知している。米中両国とも、この宣言を両国の地政学上の利益の観点からみている。これは突き詰めれば在韓米軍の問題に行き着くのだ。在韓米軍は1957年、米韓相互防衛条約の一

Ⅲ　北朝鮮の非核化

環として設置された。朝鮮戦争を引き起こした1950年の北朝鮮による対韓攻撃への直接的な対応である。こんにち、この地域における在韓米軍の存在は、とりわけ中国の勃興に対応したアジア太平洋地域に向けた米国の戦略的でグローバルな再配置を明確に反映したものにもなっている。

　米朝交渉がこの重要な宣言の問題で行き詰まりをみせるにつれ、北朝鮮の金正恩委員長は大きく譲歩する意思を示した。彼は、鄭義溶（チョン・ウィヨン）韓国国家安全保障室長・対北朝鮮特使に対して「宣言は在韓米軍の撤退と米韓軍事同盟には何ら関係しない」と述べた。[3]だが、真の問題は、アジア太平洋、とりわけ北東アジアにおいて米国と次第に競合しつつある中国にある。地政学上、戦略上及び構造上、在韓米軍の存在はしばしば中国の喉笛に突き付けられた「短剣」と表現される。米国は、北朝鮮とこのような宣言に署名すること、そしてこれを是認することについてさえ、その将来の結果につき確信がもてていないようにみえる。というのは、そうすることは、知らず知らずのうちにか不可避的にか、中国に在韓米軍撤退を要求する都合の良い「正当化事由」を与えてしまうだろうからである。

　在韓米軍を正当化するにあたり、米国は「北朝鮮の脅威」に言及してきた。これは韓国へのTHAAD（終末高高度防衛）ミサイル部隊の配備の際にも持ち出された。米国も韓国も、最新鋭のミサイル防衛システムの配備は、北朝鮮からのミサイルを迎撃するものだとさまざまな場で明確にしてきた。それでもなお、中国は強い異議を唱えた。中国は、自らの領土近くにそのような最先端のミサイル防衛システムが展開されることに反対した。米国のミサイルの盾が、中国の地域戦略を危機にさらすと考えたためである。同様に、米国は朝鮮戦争の公式な終結は朝鮮半島の戦略環境を深刻に損なうだろうと認識している。朝鮮半島は大国の利益が頻繁に収斂し衝突する「東アジアのバルカン半島」[4]となってきた。

　朝鮮戦争の終結は、半世紀続く現在の「休戦」取極めに新たな「平和体制」が取って代わること、そして米韓合同軍事演習がこれからもなお正当化されるかが問題となることを意味するだろう。このロジックに従って、中国が「朝鮮戦争はついに終わった。今や平和体制が朝鮮半島に打ち立てられた。平和の新

時代である。これは、もはや軍事的緊張はなく韓国に米軍を維持する必要はないことを意味する。では、なぜ米軍が居座ろうとするのか？」との有無を言わせぬ提案をして、在韓米軍の撤退を要求する可能性がある。

先の中国・大連における習近平と金正恩との首脳会談（2018年5月7・8両日）では、伝えられるところによれば、習が在韓米軍問題で中国側に立つよう金に要請したと考えられた。この報道は、交渉中の北朝鮮の傲慢な態度の「背後に中国がいる」とのトランプのはっきりとした人目を憚らぬ憶測とも一致する。

実際には、朝鮮戦争終結の宣言に関しては、一部で誤伝された習発言にもかかわらず、中国はその公式見解、すなわち、中国は署名当事者としてのみならず、あらゆるプロセスにおいて積極的参加者として含まれなければならないという見解を決して変えてはいない。習の逐語的な発言記録は中国本土のメディアでは入手できない[5]。だが、こう限定してみても、習が一部メディアが伝えたことを意味した可能性はない。むしろ、習は一貫した中国の立場、つまり中国ではなく、米国と朝韓両国こそが朝鮮半島の対立を解決する第1次的な責任を有すべきであるとの立場を強調したものと思われた。報道とは逆に、最近中国は米国に対して中国を含めた「四者」による戦争終結宣言を提起した（Kim 2018）。しかし、中国の役割に関しては、米国内に懸念が存在する。中国は北朝鮮問題で米国と協力しているが、両国はますますこの地域における戦略的競争相手になりつつある。平和宣言の帰結、より広い意味では、次第に豊かになり力を付けてきた中国が東アジアの安全保障環境をどう変化させるかということが、不確実性の余地を生み出している。米副大統領が2018年10月4日にワシントンのハドソン研究所で行った演説のキーワードは、明らかに、中国との「競争」であった[6]。

1　「Gゼロ」世界へ

北東アジアをとりまく国際事情は、これまでにない高度の不確実性に直面している。トランプ政権下の米国は「アメリカ・ファースト」を押し付け、同盟国を遠ざけ、自ら構築してきた同盟システムを崩壊させつつある。この不確実

Ⅲ　北朝鮮の非核化

性の時代にあって、北朝鮮は、核の瀬戸際政策から、おそらくは自らの非核化に至るかもしれない米国との画期的な交渉へとギアを切り替えた。だが現時点では、これが成功するかどうかは極めて疑わしい。北朝鮮が位置するこの地域では、中国が過去の「中華思想」に基づく国際秩序の回復を追求している。日本は「普通の国」となることを標榜して軍事力を強化している。アジア全般でも、そして欧州の一部でも、「国際主義」が「ナショナリズム」に、「自由貿易」が「保護主義」に取って代わられている。世界秩序を「リセット」するとの意識が、歴史上のどの時代よりもはっきりと感じ取られる。これは、アジア内部での変化に起因するだけではなく、「ブレクジット」［英国のEU離脱］を含む欧州での変化とも相俟っている。残念ながら、東アジアの地政学的秩序がどこに向かっているかは判然としない。

　こんにち、私たちが生きる世界は米国のリーダーシップにより精力的に維持されているわけではない。中国によって率いられている世界に住んでいるわけでもない。悪いことに、上記の変化についての含意はあくまで推測に過ぎない。イアン・ブレマーは、世界は「Gゼロ」世界に向かいつつあると結論する（Bremmer and Roubini 2011）。つまり、米国あるいは中国という超大国による単一のリーダーシップではなく、「リーダーシップ不在」のまだ見ぬ時代に向かっている。だから私たちは「ゼロ」リーダーシップの世界に向かっている。米国は第2次大戦以来保持してきた世界のリーダーたる地位から退きつつあるが、台頭する中国はいつでも速やかに米国の実力と影響力を超えるところまでには至っておらず、国際秩序は「秩序なき」まま放置されている。

　トランプ政権下では、米国が国際社会で果たしてきた伝統的なリーダーとしての役割に逆行することがはっきりとしてきた。同時に、中国はまだその「崛起」［頭角を現すこと］によって米国の役割に取って代わってはいない。北東アジアの支配をめぐる米中間の競合と対立構造は存続する可能性があり、それはまた、かつて1950年〜53年の激しい朝鮮戦争で両国が互いに戦った朝鮮半島に影響をあたえるだろう。

2 トランプと習の短い友愛関係

　米中は、朝鮮半島の地政学に影響する主要な2つの局外変数である。そうであれば、特に深刻化する貿易対立、台湾問題、南シナ海及びサイバーによるスパイ活動のさなかにあって、今日の両国関係に空前の不確実性があるだけに、両国の過去・現在・未来の関係性を理解する必要があるのだ。過去40年に及ぶ米国による対中関与政策は失敗だったとの理解が広がっている。換言すれば、中国を飼い慣らし、米国の設計した国際秩序にとりこもうとする米国の努力は失敗した。さらに、それは米国側の「希望的観測」でしかなかった、と認識されている。実際、中国が今や世界で最も自らの地位を脅かす競争相手となることを米国はそれと知らずに「容認した」のだ。米国政策の誤算の意識と中国との競争の認識は、2011年末ごろの米国の「アジア回帰」（ヒラリー・クリントン米国務長官〔当時〕）から今日まで広がっている。

　2017年4月のマー・ア・ラゴ［大統領の私的別荘］の首脳会談でトランプが中国の指導者習近平に示した個人的好意にもかかわらず、これは当然のことだ。物知りたちはトランプと習の友愛関係を誇大喧伝した。だが、このロマンチックなうわさ話は、米中が激しく張り合い、競合し、誤解を生む中で立ち消えとなった。米中関係がさらに冷え込んだ根本原因は、両国関係が本質的に罠に「陥り」つつあることにある。それは本来構造的性質をもった罠だ。例えば、中国が安い製品を輸出し米国がそれを買うという貿易協力における相互依存の古い公式は、ますます持続可能ではなくなっている。なぜなら、中国製品は技術的にみて革新的であり、いまや米国のハイテク部門と直接的な競争関係に入っているからだ。安全保障分野では、北朝鮮核問題のような問題を通じて、両国のますます競争的になる関係が顔を表してくることだろう。今や両国は領域外の空間でさえ競争しつつある。中国はまだ軍事的には米国に勝てない。だから、時に中国は短期的には戦術的に妥協してみせ引きさがるかもしれないが、その態度を中国が維持しつづけることはありそうにない。中国の行動は緻密で注意深いものかもしれない。例えば、中国は国連の対北朝鮮経済制裁には引き続き関与すると言いつつも、現実には勝手口を開け放っている。

Ⅲ　北朝鮮の非核化

　トランプと習の関係「悪化」が必然的に米中戦争につながることを意味しないことには留意すべきだが、それが当然ではないにしろ、2人の巨人に「挟まれた」中小国、とくに東アジア諸国、とりわけ韓国にとりこれは良い前兆にはならない。米中間の「低水準紛争」でさえ国家レベルの脅威に匹敵しうる。THAADをめぐるソウルと北京の不協和音はその好例だ。それが本質的には東アジアの軍事的優位性をめぐる米中間の戦力投射競争であっても、中国はワシントンではなくソウルに報復するとして、韓国はその矢面に立ってきた。

3　対立が時代精神となるとき

　米中関係の分析では、学者たちは広く3つの要素に注意を払う。①相互の貿易依存、②首脳間の個人的関係性、③両国民の認識、この3つである。異端で予測不能のドナルド・トランプが合衆国大統領に選出されたとき、中国在住の専門家たちは注目すべきバロメーターとして両指導者間の個人的友情にいっそう注目し、ついには、トランプと習が好ましい個人関係を維持する限りは、米中関係はなおも「円滑になる」はずだと予測した。だが、たとえトランプ・習の友愛関係は短くとも、米中関係が指導者間の個人的相性でのみ決まるものではない。

　両国関係は、より大きな仕組みで、構造的視点からもまた検討することが重要である。これに沿って、両国関係を形成する政治的エートス［気風］に影響する時代精神（集団心理）をも見るべきだ。指導者たちが自らの歴史的任務（あるいは遺産）をどう感じているかを理解すべきである。例えば、中国の習近平政権は今を「戦略上の好機」（戦略機遇期）とみている[7]。

　習は、中国が強力で繁栄した社会主義国となるとの高い目標を掲げた。これは2050年までに西欧先進諸国、とくにライバルの筆頭たる米国と肩を並べることだ。2050年とは中国が米国を追い越す年だと解する者もいる。習の「戦略上の好機」との意識は、政治的には新米のテレビ番組司会者であり、世界のリーダーとしての米国の伝統的地位を解体することに熱心なドナルド・トランプが米国大統領に選出されたことで大いに鼓舞された。

　歴史家のニーアル・ファーガソンはかつて米中関係を「友敵」(frenemy =

friend + enemy）と描写した。愛憎半ばする関係が顕著で協力と競争が共存する関係だ（Larson 2010）。だが、「友敵」の語は「友」の側面に力点が置かれる傾向にある。つまり、米中は多くの問題をめぐり張り合うものの、両者には敵としてよりも友人として利益を得る分野がより多くあるというのだ。例えば、合理的選択理論では、国際関係のアクターは対立よりも協力を通じて「ウィン・ウィン」を追求することを前提とする。協力を通じて利益を最大化することが彼らの合理的選択なのだ。同じ論理はまた、米中は大規模な衝突に至らないとの楽観論を支えている。だがこれは、国際社会での「友敵」のリスク、とくに互いに「責任転嫁」する場合を看過している。北朝鮮の核危機がその一例だ。例えば、米国は中国に問題解決の責任があると主張する。トランプは、「北朝鮮は中国が対処すべき問題だ」とさえ述べている（Lee 2016）。だが、中国は反対の主張をする。北朝鮮の核危機は米朝の敵対関係が生み出したものだからだ。

　2016年9月12日の声明で中国外相は「北朝鮮の核問題は実質的には米朝問題であるから、米国が責任をとるべきだ」と述べたと報じられた[8]。同様の声明が2017年9月19日と2018年1月26日に繰り返し表明された。まるで年次声明を繰り返すかのように、中国は、北朝鮮問題に責任はなく、かかわりを持ちたくないと表明してきた。だが、中国は、朝鮮半島事態の急激な展開のさなか、「疎外されている」という見解への突然かつ重要な移行を示した。2018年4月19日、中国外交部は「朝鮮半島問題の『当事者』（當事方）として、中国は進んで積極的役割を果たす」と表明したのだ[9]。ここで、中国が「仲介者」としての従来の立場を離れて、朝鮮半島問題の当事者として自己規定しつつあるということは、注目に値する。

4　米国の孤立主義の歴史：米国のリーダーシップ低下の「原因」ではなく「結果」としてのトランプ

　いわゆる「中国の台頭」はしばしば、世界を不安定化させる主要な要素とされる。だが、同じく米国の相対的な「衰退」にもまた不安定化を生み出す責任があるとも言ってよい。そして、孤立主義から生じている米国の衰退は、トラ

Ⅲ　北朝鮮の非核化

ンプ政権による突然の産物なのではなく、過去20年にわたり作り出されてきたものだ。例えば、「トランプ現象」は一時的な「逸脱事象」であって、米社会の主流を「代表」してはいないと言われる。だが、ハーバード大学の中国専門家ウィリアム・オーバーホルトは異論を唱え、米国のリーダーシップの衰退はトランプの出現から始まったのではなく、彼以前からすでに始まっていたと指摘する。彼の見方では、トランプは米国のリーダーシップ衰退の「結果」であって「原因」ではない。換言すれば、トランプの登場は、皮肉にも、以下で検討するように、米国社会の集団心理（時代精神）を代表しているのだ。

　米国の「孤立主義」はドナルト・トランプ選出ではなく、ずっと前、20年以上も前から引き継がれている。ビル・クリントンの大統領選出時点（1993年）で、アメリカ人は国際問題よりも国内問題を重視していた。そして冷戦が終わり、米国境の外に主要な敵はいなくなった。さらにソマリアでの希望回復作戦が米兵18名の死者を出して失敗に終わった時点で、クリントン期の米社会は米国による海外紛争への干渉にさらに批判的になった。

　中国についてクリントンは、中国を誘い込む餌をちらつかせ、「民主主義が貿易にとって世界を安全にするのに資するように、貿易は民主主義にとって世界を安全にする」と訴えて、中国のWTO加盟を支持した（2001年に実現）。[10] クリントンは貿易の拡大が中国のさらなる開放、中国共産党による国民への経済統制の緩和、そして中国市民社会の進歩につながり、それがやがては中国の人権状況の改善に至り、（台湾や韓国でみられるように）民主主義社会への変容へと至ると信じていた。ダナ・ローラバッカー下院議員は、このような対中アプローチは「ばかげた政策」だったと振り返り、米国が政治的改良を要求することなく中国に経済大国となるのを許したのは誤りだったと考えている。彼は「我らは怪物を創り出してしまった」と結論し、米国の対中戦略の誤りを批判している。[11]

　クリントンに続くジョージ・W・ブッシュ政権（2001年〜2009年）は、2001年9月11日のテロ攻撃後に「テロとの戦い」を宣言した。ニューヨークのグラウンド・ゼロの廃墟に立ち、彼は「あなたは我らと共にあるのか、それともテロリストと共にあるのか」と宣告した。[12] このテレビ放映された言葉は今日でも記

憶に新しい。だが「テロとの戦い」はまた、米国に自国の力の限界を想起させる結果ともなった。ピュー・リサーチ・センターによる54カ国・17万5000人以上を対象とした調査によれば、米国のイメージはブッシュ政権期に大きく損なわれたという[13]。これに応じて、米国外交はブッシュ政権下の「一国主義」からオバマ政権下の「多国間主義」へと切り替わり、グローバル・リーダーシップを共有する見地から他国との協力の余地を追求した。この点、オバマはグローバルな責任とグローバル・ガバナンスを共有すべく中国と作業を進めることを望んだ。だが、この変化もまた世界における米単独での影響力の衰退を知らしめることとなった。

世界金融危機のさなかに就任式となったオバマ政権（2009年～2017年）は、「衰退した」超大国たる米国を自認することで始まった。米市民は米国外の戦争に政府がお金を費やすことになお一層批判的だった。米国の一般大衆は「景気回復」「戦争終結」そして「新たな戦争を始めない」といった内政優先の声を上げ始めた。こうした状況下で、オバマ政権も国内問題と、アメリカ人の集団心理と呼ぶにふさわしい「時代精神」を重視した。外交的には、オバマは伝統的な「世界の警察官」としての米国の役割に嫌悪感を示した。例えば、オバマは、シリアによる文民に対する化学兵器の使用に関して「レッド・ライン」を引いた後でも、その誓約に反して結局軍事行動はとらなかった。この「不作為」は米国の信用性を大きく損なうだけでなく、中国のような国を米国の地位に挑戦しようと鼓舞することになった。

だが、オバマ政権期には外交戦略上の「例外的な」転換、つまり中国の台頭を抑える「アジア回帰」が存在した。この戦略は上記のとおり失敗した。この時、習近平の中国はオバマのアメリカに対して「新型の大国間関係」と称してグローバルな影響圏の共有を提案した[14]。習がオバマに、太平洋は中国と米国をともに容れるだけ「十分に大きい」と述べたことは有名だ[15]。こうした提案は見せかけであり、本質的に中国はアジアを放棄するよう米国に求めたのだ。

5　中国の夢

ダボス世界経済フォーラムへの習近平の出席は、世界経済・戦略制度上、米

Ⅲ　北朝鮮の非核化

国が占めていた支配的地位と競合しようとする中国の大胆な試みだった。トランプが孤立主義を唱えていたとき、習はダボスで「グローバリゼーション」のリーダーとしての役割を担うとした。習近平の中国はアジアインフラ投資銀行という自らの世界銀行を創設した。その後、習は新たなシルクロード計画、アジアとヨーロッパを結ぶ「一帯一路」構想を前面に押し出した。また2014年に習は、中国は「海洋大国」であると宣言し、南シナ海における軍備増強を続けてきた。中国の野心はアジアを越えて広がっている。こんにち、中国はアフリカのほとんどの国々にとり最大の貿易パートナーであり投資国でもある。2018年9月、習はアフリカ大陸の主要な指導者全員を北京に招き、経済計画の期待でもって彼らを惹きつけている。

　中国には「2つの100年」（両個一百年）という国家目標がある。最初の100年は、2021年の中国共産党創設100周年までの「わりあいゆとりのある社会の全面的建設」（全面建成小康社会）を意味し、次の100年は、2049年の中華人民共和国建国100周年までの「中華民族の偉大な復興の夢」（中华民族伟大复兴的梦）達成を指す。習近平の中国は、大国となる支点たる「崛起」をすでに完成したと確信をもって判断している。[16] いまや目標は、鎮座する大国アメリカのライバルたる「強国」となることだ。[17]

　広くは、中国の崛起という自らの集団心理（時代精神）が、次第に自己主張を強める外交行動にいかに反映しているかに注目することが必要である。経済的、政治的そして軍事的な変容をもたらす力の拡大をともなって、中国のグローバルな地位は飛躍的に高まっている。国際社会はグローバルな場における中国の地位の変化を、強要されてはいないものの、受け入れなければならないと、習近平の中国はみている。はっきり言えば、中国ではなく、世界こそがこの新世界秩序を受け入れ、順応しなければならないのだ。

　中国の他の指導者たちと比べると、習はその現実主義的な世界観で強国としての力を追求し、一層積極的な外交を推し進めているとみられる。彼は、米国と協力するよりも、「中国の夢」の実現により力点を置いている。だから、中国は自らが「核心的利益」と呼ぶ事項で米国に譲歩することはないだろう。習はこの点につきおびただしい数の講演を行ってきた。習指導下での主要な政治

言説は、受け身の態度をとるのではなく米国に力強く反発することにある。米国は中国が北朝鮮のような事案で協力するしないにかかわらず中国を封じ込めにきていると、中国は信じている。習指導下の中国は、国際問題で米国と次第に対抗するようになるおそれがあり、「解決策」の代替的な提供者として自らを示すおそれがさらにある。これは公式には「中国式解決方」（中國方案）と呼ばれている。

北朝鮮の核問題でも中国は、自らが解決策として提案した「凍結対凍結」（雙中斷）方式を米朝が受け入れるべきことを強調してきた。この中国方式では、北朝鮮は核・ミサイル実験を「凍結」し、他方米国は北朝鮮付近での軍事演習を「凍結」すべきとされる。偶然にも、現在の米朝核交渉はこの中国方式に沿って進んでいる。シンガポールでの首脳会談直後、トランプは韓国との軍事演習の中止を宣言した。この間、北朝鮮も核・ミサイル実験を停止してきている。

6　米中対立と北東アジアの安全保障環境の展望

トランプと習は、それぞれのスローガン、「偉大なアメリカをとりもどす」と「中華民族の偉大な復興」の旗印を掲げて互いに衝突している。2017年7月発表の米中の研究者による報告書では、米中の競争激化と戦略上の誤算の可能性は将来における両国の潜在的紛争についての最大の危険要因であるとされた（Wang, Yuan, and Zhao 2017）。米中が衝突するとすれば、それはほぼアジアで生じるだろう（Bremmer 2016）。よって、競争し合う2つの超大国の間の疑心暗鬼の高まり、不信、敵対を特徴とするグローバルなリーダーシップの真空（Gゼロ）は、アジアの地域的安全保障状況に多大な影響をあたえるだろう。

米国にとって、トランプは米国のリーダーシップの衰退の「原因」ではなくその「結果」なのだから、米国のリーダーシップの衰退は米社会全体の集団心理（時代精神）の問題だ。このような問題は、組織的かつ構造的で、米社会の集団的思考と世界観に埋め込まれている。それはまた、トランプ後の米国大統領が米国の伝統的なリーダーシップの回復へと転じそうもないとの消極的な推論をも示すだろう。

Ⅲ　北朝鮮の非核化

　この暫定的結論が正しければ、これは東アジアの安全保障環境を根底から揺るがす含意を持つだろう。米国はアジアに積極的に関与するとの声明を夥しく出してきたが、米国がアジアでの自らのリーダーシップを維持するために進んでその対価を支払い、リスクを冒すとの保証はない。現在の中国との貿易戦争は、米国の伝統的なリーダーシップを護るための努力というよりむしろ「アメリカ・ファースト」の利益を保護するためのものだ。トランプはまた、財政的負担を理由に在韓米軍部隊を撤退させたいとも表明した。彼は明らかに、同盟を旧来通りの安全保障の観点ではなく、財政処理の視点から見ている。イアン・ブレマーは、10年か20年のうちに米国はアジアから撤退するはずだとさえ予測している（Bremmer 2018）。例えば、日本と韓国からの米軍撤退は、もし実現すれば、アジアの地域秩序に高度の不安定性をもたらすだろう。中国がこの地域を経済的、戦略的、そして政治的に支配する道を開くからだ。それまでは、アジアのほぼすべての国が、いかに米国抜きで自らの国益を自力で守るかを深刻に悩まなければならなくなっているだろう。

7　米中対立における北朝鮮の将来

　ここまで、米中対立の性質は根深くかつ構造的であることを検討してきた。問題は、米朝間の核交渉にこれがどう影響するかである。2018年の本稿執筆時点で、習近平は金正恩と3月から6月までの3カ月間で計3回会談した。金の3回目の訪中時（6月19日）に、習は金に「3つの変わらない点」を約束した。つまり、①中国共産党及び中国政府は中朝関係の発展を支持すること、②北朝鮮人民に対する中国人民の友情、③「社会主義国たる北朝鮮」への中国の支持、この3つである。[18]とくに注目すべきは、習が北朝鮮を「社会主義国たる北朝鮮」と呼び、「社会主義」国として北朝鮮を公に支持したという事実だ。

　反対に、トランプ政府は金に対して、米国後援の裕福な民主国家である「韓国並み」（Thiessen 2018）の繁栄を彼の国に提供することになるであろう、米提案の非核化の取引を受け入れるよう強く求めた。実際、韓国は米国の対外関与の中で特筆すべき「民主的変容」の成功事例だ。だが、習は献身的な社会主義者でありマルクス主義の信奉者として知られる。2017年10月の中国共産党第19

回全国代表大会において習は、「『新時代の中国の特色ある社会主義』についての習近平思想」を明らかにした。[19] 習は西側の衰退にあわせて、新時代を導きたいのだ。

とりわけ、米国でのドナルド・トランプの選出によって、中国指導者層は発展路線の選択につきその確信を新たにした。彼らは西側の発展モデル受容への抵抗に腐心してきた。2018年3月、習はカール・マルクスの政治思想に従うとの中国共産党の決定は「完全に正しい」と演説している。[20] 当然ここに、北朝鮮という国についての習の未来像と米国のそれとが両立しうるのかという問題が生じる。この点は重要だ。なぜなら、米中がともに北朝鮮の非核化を望んだとしても、将来の北朝鮮とその政治形態についてのそれぞれの未来像の相違は際立っているといってよいからだ。習は明快だ。彼は中国のような社会主義国・北朝鮮を望んでいる。このことが、習がどのように金を処遇するか、そして進行中のトランプとの交渉についてどのような類の助言を与えるかに大きく影響することになる。

【出典】
Lee, Seong-hyon. 2018. "The Shift of Security Environment in Northeast Asia: The US-China Conflict and its Implications for Korea," *Journal for Peace and Nuclear Disarmament* 1(2): 352-362. DOI: 10.1080/25751654.2018.1542655

〔翻訳:山田　寿則〕

補　論

「業の兵器」を「業の条約」でなくす

吉田　文彦

　1980年代に首相をつとめた中曽根康弘氏は、繰り返し繰り返し、核保有論者ではないかと批判された政治家だ。首相在任時、冷戦の最中という時代背景もあり、日米安全保障体制に基づく「核の傘」のもとにいることが最良の選択との考えを強調し続けた。核兵器を「絶対悪」とみる被爆地の目には、天敵と映っても不思議ではなかった。

　ただ、敬遠するばかりでは議論や研究は深まらない。もう10数年前になるが、中曽根氏へのインタビューを、私が編集した本に収めたことがある[A)]。「核兵器について国会で何度か『業の兵器』だと答弁していますね」との質問に対して、「広島、長崎の惨状を見て、こんなものをぶつけ合ったら人類はおしまいになる。そういう業の兵器は持たないと言った」と答えている。

1　核という悪因がもたらす悪果・苦果

　「業の兵器」などという抽象的な言葉で、「衣の下の鎧」を隠しているだけではないかとの見方もあるだろう。その気持ちもわかる。だが個人的には、この言葉がまとう深みが、ずっと気になってきたのも事実だ。このたび上梓する運びとなった本書『核兵器禁止条約の時代──核抑止論をのりこえる』の補論を書くにあたって、改めて頭をもたげてきたのが、「業の兵器」という表現だった。

補　論　「業の兵器」を「業の条約」でなくす

　そもそも、業という言葉自体、奥行きも間口も寸法が大きすぎて、正確に把握することが容易ではない。それでもあえて約めてみると次のような意味になるだろうか。
　業の起源は初期インド哲学の思想にあり、のちに仏教にもとり入れられた。人間の行為を律する重要な考え方で、善因善果・悪因悪果、さらには善因楽果・悪因苦果も業によって支えられている。つまり、人間の行為が善なるものに立脚していれば善果・楽果にとだりつけるが、悪因にしばられていると悪果・苦果につながっていく（日本大百科全書）。言い換えると、善、あるいは悪の行為が「現在の環境を決定し、未来の運命も定めるもの」となっていくのである（新明解　国語辞典）。狭義には、悪因⇒悪果・苦果の関係で使われることが多いそうで、中曽根氏もこの観点で使ったと考えられる。
　核兵器を「業の兵器」と呼ぶ場合、明らかに、核武装による悪果・苦果に対する危機意識が込められている。すなわち、①核を持てば強くなるとの邪心にとらわれたある国が保有にいたれば、別の国の邪心もかきたてて核を持つ国が増えていく、②いったん核武装すると、ライバルの核武装国に負けまいと軍拡競争に拍車がかかる、③対立関係の中で疑心暗鬼が高じると先制核攻撃した方が有利との誘惑にかられ、核戦争が勃発する危険も強まる――ことへの危惧である。
　本書の「Ⅱ　核先制不使用と核抑止」の三本の論文では、核保有国でも、その同盟国でも引き続き核依存体質が強く、核先制不使用を政策として採用・宣言したり、核兵器の役割を低減して大幅な軍縮に進んだりするにはまだまだ課題の多いことが縷々、記されている。それらを読み込んでいると、「業の兵器」が核を持つ国の指導者や国民をひきつける底力、そしてその手ごわさを再認識させられる。
　たとえば、セイオム・ブラウン氏は「トランプ政権の核戦略」の中で、「1945年以来、米国のグランドストラテジー［大戦略］は、核戦争を抑止するだけでなく、核戦争を戦うための計画を含むものであった。たとえ、抑止が主要な目的であったとしても、核戦争を戦う計画が検討されていたということは現実なのである」と明言している。そして、「トランプ大統領の猛々しいNPR

［核態勢見直し］においてこれまでになくはっきりと打ち出された米国の軍事態勢は、限定的なものであれ、全面的なものであれ、実際の核戦争を戦うためのハードウェアやソフトウェアを実態面でも予算面でも含むものであった」と分析し、「核戦争に勝者はなく、戦われてはならない」といった米ソ首脳会談共同声明（1985年の）の至言などおかまいなしであるかのように、裏では核戦争計画が準備されていることを解き明かしている。

　核戦略を解剖し、その実相を見せつける論考に触れると、いったん核依存症に陥ってしまうと、なかなかそこから抜け出せない慢性症状のおぞましさを改めて感じる。ブラウン氏のような大御所に核戦略の非人間的な本質を見事に、かつ明確に開示されると、「業の兵器」が多くの人心を囲い込んで離さない魔力を持っているような気さえしてくる。

　しかしながら、次の現実も忘れてはならない。言わずもがなではあるが、核抑止が永遠の「成功物語」であり続ける保障などどこにもない。オバマ大統領の特別補佐官（核政策担当）をつとめたジョン・ウォルフスタール氏は、巻頭インタビューの中でこう指摘している。

　　「核に関する安全保障の専門家が核兵器について語るときには、安定性や抑止、安心感といった利点については語りますが、コストについては語りたがりません。私が言っているのは金銭的な意味でのコストではなく、リスクのことです。リスクなどないという意見、ささいなものだという意見もありますが……しかし、核兵器を保有するリスクはあるのです。事故。計算違い。核保有の後続を招くというリスク。そして［核兵器を使えるという］誘惑。私の気に入っている論文の一つが、スコット・セーガンの『The Problem of Redundancy Problem』（整合性の問題）というタイトルのものです。我々がこれらのシステムをすべて作り上げ、自分たちは利口だと思っている。なぜなら、セキュリティを幾層にも幾層にも積み重ねているからです。しかし実際には、層を1枚増やすたびに、脆弱性は増していく。なぜなら、それらの層が互いにどう機能するか、制御も予想もできなくなるからです」

　ズシリと、本当にズシリと胸に響く卓見だ。核抑止があれば安心という慢心は禁忌であり、核抑止による（おそらく束の間でしかない）安定は常に破滅と隣り合わせであるという紛れもない現実こそが、「核兵器を保有するリスク」そ

のものなのである。

2　非核という善因がもたらす善果・楽果

　ブラウン氏の論文には「米国の国家安全保障政策における核兵器の役割を実質的に低減させようとしたオバマ大統領の取り組みは、その［核戦争を戦うための計画の］逆方向を照らす一筋の光だったが、(中略)［トランプ政権になって］残念ながらそれは目に見えなくなっている」との、慨歎も記されている。だが、だからと言って、悲観論に拘泥する必要はない。

　幸いなことに、業にはもうひとつの側面があるからだ。前述のように、悪因悪果・悪因苦果だけでなく、善因善果・善因楽果も業によって支えられている。人間は、悪の業の虜で終るか、それとも善の業に切り替えるかを自ら選べる主体的な存在だろう。現に、歴史をふり返ると、悪から善への大転換を試みた大きなドラマを、私たちは実体験している。1986年にアイスランドのレイキャビクで開かれた米ソ首脳会談での出来事である。

　「核戦争に勝者はなく、戦われてはならない」といった共同声明を出したのが、1985年。その翌年の1986年に、米国のレーガン大統領とソ連のゴルバチョフ共産党書記長はレイキャビクで開かれた首脳会談において、核廃絶で基本合意するまでにいたった。10年間で米ソが保有するすべての核を廃棄し、他の核保有国にも同様な選択を促すという決意だった。会談の最終盤で米国のミサイル防衛システムの扱いをめぐって妥協点を見いだせなかったことから、正式合意は幻に終わったものの、核超大国の指導者が核廃絶合意の発表寸前まで歩み寄ったのは、「核戦争に勝者はなく、戦われてはならない」との認識を共有し、その延長線上にある結論として核廃絶が現実的な選択肢と考えたからだろう。まさに、非核という善因がもたらす善果・楽果が手に届く距離まで近づいた瞬間であった。その時の基本合意に沿って、1987年には米ソが初めて核弾頭を減らすことに合意し、核軍縮時代の幕を開ける役割を果たした中距離核戦力（INF）全廃条約が署名されるにいたった。

　核兵器を「業の兵器」と呼んだ中曽根氏はこうした動きをどう見ていたか。1987年秋の国連総会での演説で次のように力説してみせた。

「米ソ両国が先週、INF全廃協定について原則合意したことは、史上初めての核兵器の削減であり、この分野における大きな一歩を印したものであります」「1986年のレイキャビクにおける米ソ首脳会談の開催とその折の［核廃絶に向けた］潜在的合意は、第二次大戦終結以来の久しい業の世界からの脱出への天の啓示とも言うべきものであります」

「中曽根嫌い」には歯の浮くような表現にしか映らないかも知れないが、好き嫌いを抜きにして虚心坦懐で眺めれば、核心を突いた演説であったと言えるだろう。INF全廃条約を「［核軍縮］分野における大きな一歩を印したもの」と高く評価したうえで、この条約を生むきっかけとなったレイキャビクでの米ソ首脳会談について「［核廃絶に向けた］潜在的合意は、第二次大戦終結以来の久しい業の世界からの脱出への天の啓示とも言うべきもの」と賞賛しているところは、核時代の潮流の変化について正鵠を射た見方と思慮される。ここで彼が言った「第二次大戦終結以来の久しい業の世界からの脱出」は、いわば悪因悪果・悪因苦果の業からの脱出であり、換言すれば善因善果・善因楽果の業への転換を意味しているものと言えるだろう。

　とはいえ、レイキャビク首脳会談では核廃絶合意寸前までいたったものの、あくまで「潜在的合意」にとどまっていた。INF全廃条約という歴史的成果の契機となり、冷戦終結への重要なきっかけともなった首脳会談ではあったが、核廃絶合意が幻に終わったのもまた、歴史的事実である。

　だが、ドラマはそこで終わらなかった。レイキャビクから30余年の時を経た2017年7月——核兵器禁止条約が122か国の賛同で採択された。レイキャビクの寒空の下で核廃絶への決断が凍り付いたあと、ずっと宿題として残されてきた、悪因悪果・悪因苦果の業から善因善果・善因楽果の業に転換する新たなチャレンジが始まったのである。今度は核超大国の指導者のイニシャティブではない。グローバル化にふさわしく、核軍縮が進まないことに業を煮やした非核国、国際NGOのICAN（核兵器廃絶国際キャンペーン）が原動力となり、ボトムアップ型で変化を促してきたのも大きな特徴だ。

3 核兵器禁止条約という「業の条約」

　核兵器が、悪にまつわる業に引っ張られた「業の兵器」なら、核兵器禁止条約は善にまつわる業に人類を目覚めさせようとする「業の条約」とも表現できるだろう。最後に勝つのは「業の兵器」か、あるいは「業の条約」か。まさに、人類の安全保障（security of all humanity、核兵器禁止条約前文）の今後をかけた熾烈な葛藤の始まりとなった。
　この新たなチャレンジの時代をどう受け止めればいいのだろうか。
　本書のタイトル『核兵器禁止条約の時代──核抑止論をのりこえる』に、私自身が込めた思いは、①レイキャビクでレーガン・ゴルバチョフが、もっと大きく言えば人類がのりこえられなかった核抑止を、核兵器禁止条約が制定されたことでのりこえるチャンスが改めて広がった、②だからこそ、核兵器禁止条約に植え込まれた時代精神を活かしながら、核抑止に替わる安全保障政策の構築を真剣に模索しなくてはならない──との思いである。
　核兵器禁止条約は遠からず発効し、世界は禁止条約が国際法として存在する時代に入る。その時代精神は、禁止条約の前文に記されているように、核軍縮、核兵器なき世界の実現は「国家および集団的な安全保障の利益にかなう最高次元での地球規模の公共善（global public good of the highest order）である」との基本認識だろう。今後の課題は、禁止条約の締約国を拡大していくことに加えて、いかにしてこの時代精神を国際社会で共有し、揺るがないものにしていくかだろう。
　その過程で大切な諸問題が、本書の「Ⅰ　核兵器禁止条約と核軍縮」に収められた論考にいくつも示されている。たとえば、ラメシュ・タクール氏の「核兵器禁止条約をめぐる日本の誤った選択」は、禁止条約に背を向ける日本政府に強く再考を促す内容になっているが、こうしたアプローチは日本に対してのものに限らない。日本以外の国に対しても、その個別事情に応じた条約参加促進論を組み立てていく必要があるだろう。
　核廃絶にいたるまでには、残念ながら時間がかかることが予想される。そこで黒澤満氏の「核兵器のない世界に向けて──Stigmatization と Delegitimiza-

tion」は、核兵器禁止条約の存在を活かす措置として、Stigmatization［核兵器に「悪の烙印」を押すこと］と、Delegitimization［安全保障政策としての核抑止の「非正当化」］を進めていくアプローチの重要性を説いている。そのねらいは、究極的には核兵器をモラルの面からも安全保障政策の面からも不必要なものとみなされるように転換させていくことであり、核廃絶に向けた人道主義の拡大と核抑止に替わる安全保障政策の準備を促進するアプローチとして注目される。

　核抑止に替わる安全保障政策を構築していくうえで避けて通れないのは、地域紛争を抱えた新たな核武装国への対応であり、北東アジアにおけるそれは、北朝鮮の非核化問題をめぐる対応である。本書の「Ⅲ　北朝鮮の非核化」では、レオン・シーガル氏が「米朝会談と北東アジアの安全保障」において、米朝関係を「敵同士からパートナーシップへと変化」させるための提言を示している。他方で、李成賢氏は「米中対立が朝鮮半島に与える影響」の論考の中で、「米中がともに北朝鮮の非核化を望んだとしても、将来の北朝鮮とその政治形態についてのそれぞれの未来像の相違は際立っている」との見方を示し、米中対立が北朝鮮非核化のボトルネックになりうることを強く示唆している。いずれにせよ、北朝鮮の核武装が固定化される限り、核廃絶はありえず、核兵器禁止条約にとっても大きな壁であり続けることは間違いない。

　実際の国際社会の動きに目を転じると、ここのところ目立つのはむしろ、核兵器禁止条約の時代精神に逆行するものが多い。シンガポールでの初の米朝首脳会談のあと、北朝鮮非核化の動きが急加速するとの期待もあったが、両国の思惑が交錯して交渉の行方を見通しづらくなっている。核超大国間の関係ではトランプ政権が、あの歴史的な INF 全廃条約からの離脱宣言をした。米ロともに核依存を強める現況では、2021年に期限が切れる新戦略兵器削減条約（新START）の延長も危ういのではないかとの見方さえ少なくない。もし新STARTまで消えてしまえば、1972年以来初めて、米ロは二国間での核軍備管理条約がない時代に逆戻りすることになる。

　どのようにして、「［核軍縮、核兵器なき世界の実現こそ］国家および集団的な安全保障の利益にかなう最高次元での地球規模の公共善」だとの基本認識を

時代精神として国際社会に定着させ、普遍化していくか。同時に、核抑止に替わる安全保障政策を構想、準備、実践していくか。いかにして最終的に、「業の条約」によって「業の兵器」をなくせるようにしていくか。

知恵を絞るべきことは、たくさんある。「Journal for Peace and Nuclear Disarmament」(J-PAND) では引き続き、こうした問題意識を胸に刻みながら、さまざまな論考を掲載していきたいと考えている。

【解説注】
A） 吉田文彦［編］＋朝日新聞特別取材班『核を追う　テロと闇市場に揺れる世界』2005年12月、朝日新聞社。中曽根元首相にインタビューしたのは本田優、pp.328-331。

Horitsu Bunka Sha

RECNA叢書 4

核兵器禁止条約の時代
―― 核抑止論をのりこえる

2019年3月20日 初版第1刷発行

監修者	山口　　響	
発行者	田靡純子	
発行所	株式会社 法律文化社	

〒603-8053
京都市北区上賀茂岩ヶ垣内町71
電話 075(791)7131　FAX 075(721)8400
http://www.hou-bun.com/

印刷：中村印刷㈱／製本：㈲坂井製本所
装幀：白沢　正

ISBN 978-4-589-03998-9

Ⓒ2019 Hibiki Yamaguchi　Printed in Japan

乱丁など不良本がありましたら、ご連絡下さい。送料小社負担にてお取り替えいたします。
本書についてのご意見・ご感想は、小社ウェブサイト、トップページの「読者カード」にてお聞かせ下さい。

JCOPY　〈出版者著作権管理機構 委託出版物〉

本書の無断複写は著作権法上での例外を除き禁じられています。複写される場合は、そのつど事前に、出版者著作権管理機構（電話 03-5244-5088、FAX 03-5244-5089、e-mail: info@jcopy.or.jp）の許諾を得て下さい。

ウォード・ウィルソン著／黒澤 満日本語版監修／広瀬 訓監訳〔RECNA叢書1〕 **核兵器をめぐる5つの神話** A5判・186頁・2500円	「日本の降伏は原爆投下による」、「核には戦争を抑止する力がある」など、核兵器の有用性を肯定する理論が、史実に基づかない都合のよい〈神話〉に過ぎないことを徹底検証する。核廃絶のための科学的な論拠と視座を提供する。
ハロルド・ファイブソン、アレキサンダー・グレーザー、ジア・ミアン、フランク・フォン・ヒッペル著／鈴木達治郎監訳／冨塚 明訳〔RECNA叢書2〕 **核のない世界への提言** ―核物質から見た核軍縮― A5判・204頁・3500円	核物質の専門家が科学技術の専門知識をもたない市民に向けて核物質の本質、実態と問題性を整理・解説。実現可能な核廃絶を追求し、核兵器製造と、それを可能にする核物質の生産・使用を終わらせる道を提言する。
鈴木達治郎・広瀬 訓・藤原帰一編〔RECNA叢書3〕 **核の脅威にどう対処すべきか** ―北東アジアの非核化と安全保障― A5判・228頁・3200円	北東アジアにおける核廃絶に向けて長期的、客観的な分析と提言の書。核廃絶の阻害・促進要因について、核抑止依存の実態、「トラック2」外交の可能性、安全保障環境の改善と非核化プロセスの検証に焦点をあて分析。
日本平和学会編 **平和をめぐる14の論点** ―平和研究が問い続けること― A5判・326頁・2300円	いま平和研究は、複雑化する様々な問題にどのように向きあうべきか。平和研究の独自性や原動力を再認識し、果たすべき役割を明確にしつつ、対象・論点への研究手法や視座を明示する。各論考とも命題を示し論証しながら解明していくスタイルをとる。
高柳彰夫・大橋正明編 **SDGsを学ぶ** ―国際開発・国際協力入門― A5判・286頁・3200円	SDGsとは何か、どのような意義をもつのか。目標設定から実現課題まで解説。第Ⅰ部はSDGs各ゴールの背景と内容を、第Ⅱ部はSDGsの実現に向けた政策の現状と課題を分析。大学、自治体、市民社会、企業とSDGsのかかわり方を具体的に提起。
星野英一・島袋 純・高良鉄美・阿部小涼・里井洋一・山口剛史著 **沖縄平和論のアジェンダ** ―怒りを力にする視座と方法― A5判・220頁・2500円	平和と正義が脅かされる実態と構造の考察をふまえ、問題の本質を追究する視座を提示。「安全保障理論」「沖縄の軌跡」「マイノリティの視座」「平和教育の実践」の4部構成。怒りを力に変え、平和的な技法によって平和と正義を手に入れるための方途を探る。

―法律文化社―

表示価格は本体(税別)価格です